# 独学もできるクイックマスター中国語

# 中国語音節全表

| 字例＼母音<br>子音 | -i | a | o | e | ai | ei | ao | ou | an | en | ang | eng | ong | er | i | ia | ie | iao | iou |
|---|---|---|---|---|---|---|---|---|---|---|---|---|---|---|---|---|---|---|---|
| | | a<br>阿 | o<br>哦 | e<br>鹅 | ai<br>爱 | ei<br>欸 | ao<br>熬 | ou<br>欧 | an<br>安 | en<br>恩 | ang<br>昂 | eng<br>鞥 | | er<br>儿 | yi<br>衣 | ya<br>呀 | ye<br>耶 | yao<br>腰 | you<br>忧 |
| b | | ba<br>吧 | bo<br>波 | | bai<br>白 | bei<br>杯 | bao<br>包 | | ban<br>班 | ben<br>本 | bang<br>帮 | beng<br>崩 | | | bi<br>笔 | | bie<br>别 | biao<br>表 | |
| p | | pa<br>怕 | po<br>坡 | | pai<br>排 | pei<br>胚 | pao<br>跑 | pou<br>剖 | pan<br>判 | pen<br>喷 | pan<br>旁 | peng<br>碰 | | | pi<br>批 | | pie<br>撇 | piao<br>票 | |
| m | | ma<br>马 | mo<br>摸 | me<br>么 | mai<br>麦 | mei<br>煤 | mao<br>毛 | mou<br>谋 | man<br>满 | men<br>门 | mang<br>忙 | meng<br>蒙 | | | mi<br>米 | | mie<br>灭 | miao<br>苗 | miu<br>谬 |
| f | | fa<br>法 | fo<br>佛 | | | fei<br>飞 | | fo<br>否 | fan<br>反 | fei<br>分 | fan<br>方 | feng<br>峰 | | | | | | | |
| d | | da<br>答 | | de<br>的 | dai<br>呆 | de<br>得 | dao<br>刀 | dou<br>兜 | dan<br>单 | | dan<br>当 | deng<br>登 | dong<br>懂 | | di<br>低 | dia<br>嗲 | die<br>跌 | diao<br>调 | diu<br>丢 |
| t | | ta<br>塔 | | te<br>特 | tai<br>太 | | tao<br>淘 | tou<br>偷 | tan<br>滩 | | tang<br>躺 | teng<br>疼 | tong<br>通 | | ti<br>替 | | tie<br>贴 | tiao<br>挑 | |
| n | | na<br>拿 | | ne<br>呐 | nai<br>奶 | nei<br>内 | nao<br>恼 | nou<br>耨 | nan<br>南 | nen<br>嫩 | nang<br>囊 | neng<br>能 | nong<br>农 | | ni<br>泥 | | nie<br>捏 | niao<br>鸟 | niu<br>扭 |
| l | | la<br>拉 | | le<br>勒 | lai<br>来 | lei<br>雷 | lao<br>劳 | lou<br>楼 | lan<br>兰 | | lang<br>狼 | leng<br>冷 | long<br>龙 | | li<br>利 | lia<br>俩 | lie<br>列 | liao<br>料 | liu<br>流 |
| g | | ga<br>嘎 | | ge<br>哥 | gai<br>该 | gei<br>給 | gao<br>高 | gou<br>沟 | gan<br>赶 | gen<br>根 | gang<br>钢 | geng<br>耕 | gong<br>公 | | | | | | |
| k | | ka<br>咖 | | ke<br>可 | kai<br>开 | kei<br>尅 | kao<br>靠 | kou<br>口 | kan<br>看 | ken<br>肯 | kang<br>康 | keng<br>坑 | kong<br>空 | | | | | | |
| h | | ha<br>哈 | | he<br>喝 | hai<br>海 | hei<br>黑 | hao<br>好 | hou<br>猴 | han<br>含 | hen<br>狠 | hang<br>行 | heng<br>哼 | hong<br>轰 | | | | | | |
| j | | | | | | | | | | | | | | | ji<br>机 | jia<br>家 | jie<br>接 | jiao<br>交 | jiu<br>旧 |
| q | | | | | | | | | | | | | | | qi<br>期 | qia<br>恰 | qie<br>切 | qiao<br>敲 | qiu<br>秋 |
| x | | | | | | | | | | | | | | | xi<br>希 | xia<br>吓 | xie<br>谢 | xiao<br>笑 | xiu<br>秀 |
| zh | zhi<br>知 | zha<br>渣 | | zhe<br>着 | zhai<br>债 | zhe<br>这 | zhao<br>招 | zhou<br>周 | zhan<br>站 | zhen<br>真 | zhang<br>章 | zheng<br>争 | zhong<br>中 | | | | | | |
| ch | chi<br>吃 | cha<br>插 | | che<br>车 | chai<br>拆 | | chao<br>超 | chou<br>抽 | chan<br>馋 | chen<br>陈 | chang<br>唱 | cheng<br>乘 | chong<br>充 | | | | | | |
| sh | shi<br>诗 | sha<br>傻 | | she<br>奢 | shai<br>筛 | shui<br>谁 | shao<br>烧 | shou<br>瘦 | shan<br>善 | shen<br>审 | shang<br>尚 | sheng<br>胜 | | | | | | | |
| r | ri<br>日 | | | re<br>热 | | | rao<br>绕 | rou<br>肉 | ran<br>燃 | ren<br>忍 | rang<br>让 | reng<br>扔 | rong<br>荣 | | | | | | |
| z | zi<br>资 | | | ze<br>则 | zai<br>在 | zei<br>贼 | zao<br>遭 | zou<br>邹 | zan<br>咱 | zen<br>怎 | zang<br>脏 | zeng<br>增 | zong<br>宗 | | | | | | |
| c | ci<br>此 | | | ce<br>册 | cai<br>猜 | | cao<br>操 | cou<br>凑 | can<br>参 | cen<br>参 | cang<br>仓 | ceng<br>曾 | cong<br>聪 | | | | | | |
| s | si<br>私 | | | se<br>色 | sai<br>塞 | | sao<br>臊 | sou<br>搜 | san<br>三 | sen<br>森 | sang<br>桑 | seng<br>僧 | song<br>送 | | | | | | |

| ian | in | iang | ing | iong | u | ua | uo | uai | uei | uan | uen | uang | ueng | ü | üe | üan | ün |
|---|---|---|---|---|---|---|---|---|---|---|---|---|---|---|---|---|---|
| yan 烟 | yin 因 | yang 央 | ying 应 | yong 用 | wu 屋 | wa 哇 | wo 卧 | wai 歪 | wei 威 | wan 弯 | wen 温 | wang 汪 | weng 翁 | yu 遇 | yue 约 | yuan 冤 | yun 晕 |
| bian 边 | bin 宾 | | bing 冰 | | bu 不 | | | | | | | | | | | | |
| pian 篇 | pin 拼 | | ping 平 | | pu 铺 | | | | | | | | | | | | |
| mian 棉 | min 民 | | ming 明 | | mu 母 | | | | | | | | | | | | |
| | | | | | fu 福 | | | | | | | | | | | | |
| dian 点 | | | ding 定 | | dou 都 | | duo 多 | | dui 对 | duan 短 | dun 蹲 | | | | | | |
| tian 添 | | | ting 听 | | tu 土 | | tuo 脱 | | tui 退 | tuan 团 | tun 吞 | | | | | | |
| nian 年 | nin 您 | niang 娘 | ning 宁 | | nu 努 | | nuo 挪 | | | nuan 暖 | | | | | | | |
| lian 连 | lin 林 | liang 凉 | ling 领 | | lu 路 | | luo 罗 | | | luan 乱 | lun 论 | | | | | | |
| | | | | | gu 古 | gua 挂 | guo 国 | guai 拐 | gui 贵 | guan 管 | gun 滚 | guang 光 | | | | | |
| | | | | | ku 苦 | kua 夸 | kuo 阔 | kuai 快 | kui 亏 | kuan 宽 | kun 困 | kuang 框 | | | | | |
| | | | | | hu 护 | hua 画 | huo 活 | huai 怀 | hui 悔 | huan 缓 | hun 混 | huang 荒 | | | | | |
| jian 简 | jin 今 | jiang 江 | jing 惊 | jiong 窘 | | | | | | | | | | ju 居 | jue 决 | juan 捐 | jun 军 |
| qian 欠 | qin 亲 | qiang 枪 | qing 请 | qiong 穷 | | | | | | | | | | qu 区 | que 缺 | quan 劝 | qun 群 |
| xian 显 | xin 新 | xiang 项 | xing 兴 | xiong 雄 | | | | | | | | | | xu 续 | xue 靴 | xuan 轩 | xun 勋 |
| | | | | | zhu 珠 | zhua 抓 | zhuo 桌 | zhuai 拽 | zhui 追 | zhuan 转 | zhun 准 | zhuang 庄 | | | | | |
| | | | | | chu 初 | | chuo 戳 | chuai 揣 | chui 吹 | chuan 传 | chun 春 | chuang 窗 | | | | | |
| | | | | | shu 梳 | shua 刷 | shuo 硕 | shuai 衰 | shui 睡 | shuan 栓 | shun 顺 | shuang 双 | | | | | |
| | | | | | ru 如 | | ruo 若 | | rui 瑞 | ruan 软 | run 润 | | | | | | |
| | | | | | zu 祖 | | zuo 左 | | zui 最 | zuan 钻 | zun 尊 | | | | | | |
| | | | | | cu 粗 | | cuo 错 | | cui 催 | cuan 窜 | cun 村 | | | | | | |
| | | | | | su 苏 | | suo 索 | | sui 虽 | suan 酸 | sun 笋 | | | | | | |

# まえがき

本書「独学もできるクイックマスター中国語」は、短期間で中国語をマスターするために役立つ文法をできるだけ織り込んであります。

本書は日本人を対象とした内容を設定し、日本人学習者の難点に焦点を合わせています。レベル的には、中国語検定試験3級、HSKの4級に当ります。

本書は、発音の部分と本文に分けてあります。発音の部分は4回分の講義内容として、本文は10回分の講義内容としています。また、15回分を総復習としても利用できるように設定してあります。

本書はテキストとしてはもちろんのこと、各種中国語検定の練習にも適しています。各課の本文を深く理解できるように、会話練習も設けてあります。独学でも各課の本文、会話文、練習問題を勉強でき、同じ表現を繰り返すことによって「クイックマスター」することを目標としています。学習者が独学できるように、本文には翻訳文をつけ、練習問題を設け、参考としてその解答も添えてあります。

中国語の勉強は、理解することだけではなく、覚える作業も欠かせません。覚えるために繰り返して練習していただきたいと思います。学習者の皆様が本書を勉強され、ご自分の表現したいことが書けるように、話せるようになることを祈っております。

学習者がいつも本書をそばに置いて大いに活用されることを心から期待しております。中国語教員の皆様にも一助となればと願っております。

長年の中国語教育経験を踏まえて編集したつもりですが、思うようにできていないところがあると思います。中国語の先生方および学習者の皆様には、「独学もできるクイックマスター中国語」が良い教科書になるようにご教示くださいますようお願い申し上げます。

最後になりますが、本書のために中国南開大学の対外漢語教育学院の王澤鵬先生、関西大学非常勤講師の李力先生にご指導いただき、感謝を申し上げます。倉敷芸術科学大学の学生にも大変お世話になりました。また、大学教育出版社の佐藤宏計さんにもご協力いただき、ここに感謝を申し上げます。

令和4年4月1日

著者　趙　慧欣

李　夢迪

# 目　次

# 中国語の発音（拼音 pinyin）

中国語の発音記号を「拼音 pinyin」という。

拼音は、母音（声母）が 36、子音（韻母）が 21 ある。音節は子音と母音で構成されているが、母音だけでも音節を作れる。音節数は全部で 402 ある。これらの音節でおおよそ 8 万の漢字の発音を表している。

## 一　母音（韵母）

単母音

「a」日本語の「あ」より口を大きく開けて発音する。

「o」唇を突き出しながら少し開けて発音する。

「e」歯と歯の間、1 本の指先が入るぐらい隙間を取りながら発音する。

「i」日本語の「い」と同じように唇を横へ引いて発音する。

「u」口を丸くしながら突き出して発音する。

「ü」口笛を吹くような口の形で発音する。

中国語の発音の声調表記を記すため、6 つの母音の順序をしっかり覚える必要がある。

「er」は母音にある唯一のそり舌音である。舌を上の強口蓋の方へそらして発音する。

鼻母音の発音要領

「ang」「eng」「ing」「ong」

「ang」を発音する時に、口を大きく開け、舌先はどこへも付けない。上の歯と下の歯の間に 3 本の指が入るように開く。

「eng」を発音する時に、「ang」の半分ほど口を開け、舌先はどこへも付けない。上の歯と下の歯の間に 1 本の指が入るように開く。

「ing」を発音する時に、口を軽く開け、舌先はどこへも付けない。上の歯と下の歯の間に 1 本の指先だけが入るように開く。

「ong」を発音する時に、唇をまるめて突き出す。上の歯と下の歯の間に 1 本の指が入るように開く。

「an」「en」「in」

「an」「en 」「in 」の「 n 」を日本語の撥音「 n 」と同じように発音すればよい。

舌先を前歯の裏につける。

※ 「ng」で終わる場合は指先が入るほどのすきまを開けるが、「n」で終わる場合指先が入らない。

二重母音　次の二重母音を日本語の二重母音と子音の感覚で発音すればよい。

ai　ao　ei　ou　uo　ie　ia　ua　üe

三重母音

iao　「i」を発音しながら「ao」へ滑らかにつなげて発音する。

iou　「i」を発音しながら「ou」へ滑らかにつなげて発音する。

uai　「u」を発音しながら「ai」へ滑らかにつなげて発音する。

uei　「u」を発音しながら「ei」へ滑らかにつなげて発音する。

母音の省略

「uei」は、「e」を省略して「ui」となり、発音は変わらない。

「iou」は、「o」を省略して「iu」となり、発音は変わらない。

「uen」は、「e」を省略して「un」となり、発音は変わらない。

**二　子音（韻母）**

| | | |
|---|---|---|
| 唇音 | b p m | 唇を合わせて発音する音であるが「b」は濁音ではない。 |
| 歯唇音 | f | 日本語にはない発音で、上の歯を下の唇の内側につけて、息を出しながら離す。 |
| 舌尖音 | d t n l | 日本語の「da」「ta」「na」「la」行の子音と同じであるが、「d」は濁音ではない。 |
| 舌面音 | j q x | 日本語の「じ」「ち「し」同じように発音すればよい。 |
| 舌根音 | g k h | 「k」「h」は日本語「k」「h」とほぼ同じである。<br>「g」は濁音ではない。 |
| そり舌音 | zh ch sh r | 日本語にはない発音で、舌先を硬口蓋へ、そらしながら軽く付けて発音する。 |
| 平舌音 | z c s | 唇を横へ引いて発音する。日本語の「ず」「つ」「す」とは口の形が異なる。<br>※ 中国語には濁音がないことに注意する。 |

有気音　「p」「t」「k」「q」「ch」「c」

息を溜めてから気流を強く出しながら発音する。日本語の「ta tu ti pa ka」の子音とほぼ同じである。

拼音の書き換え

i → y　u → w　ü → yu　u → wu　o → wo

「j q x 」+「ü」の場合は「ü」→「u」になり、発音は変わらない。

ju　qu　xu

母音のみの音節

a　o　e　ai　ei　ao　ou　an　en　ang　eng　er　yu　yi　ya　ye　yao　you　yan　yin　yang　ying　yong　yue　wu　wa　wo　wai　wei　wan　wang　weng　yu　yue　yuan　yun

## 三　声調

中国語には、4つの声調がある。声調の図のように、

1　声は、高くまっすぐ伸ばす。

2　声は、下から上げていく。

3　声は、やや高いところから下げてまた上げていく。

4　声は、高いところから急速に下げていく。

四声図

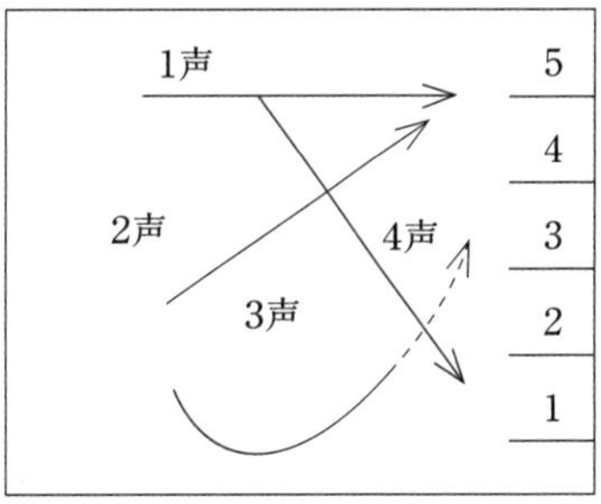

1声　2声　3声　4声　5　4　3　2　1

## 四　軽声

4つの声調以外に軽声がある。短く軽く発音する音を軽声という。

1. 一部の名詞の語尾、または動詞の後ろの文字

wūzi　shànzi　tǎnzi　bèizi　háizi　xiézi　tǎnzi　wàzi　kùzǐ　màozi
「子」屋子　扇子　毯子　被子　孩子　鞋子　毯子　袜子　裤子　帽子

kuàizǐ　pánzi　fángzi　sǎngzi　bízi　zhuōzi　yǐzi　míngzi　méizi　táozi
筷子　盘子　房子　嗓子　鼻子　桌子　椅子　名字　梅子　桃子

huā r　xiǎohái r　nánhái r　nǚhái r　wán r　gōngyuán r　wàn r　huán r
「儿」花儿　小孩儿　男孩儿　女孩儿　玩儿　公园儿　腕儿　环儿

quān r　zhè r　nǎ r　nà r
圈儿　这儿　哪儿　那儿

zhème　nàme　zěnme　shénme　wèishénme
「么」这么　那么　怎么　什么　为什么

nǐmen wǒmen tāmen xuéshengmen lǎoshīmen xiānshengmen
「们」你们 我们 他们 学生们 老师们 先生们

2. 一部の名詞、形容詞、動詞の最後の文字

dàifu hùshi yǎnjing ěrduo tóufa péngyou máfan xuésheng pútao piányi
大夫 护士 眼睛 耳朵 头发 朋友 麻烦 学生 葡萄 便宜

piàoliang shūfu shūhu gàosu shāngliang shōushi zuómo késou liūda
漂亮 舒服 疏忽 告诉 商量 收拾 琢磨 咳嗽 溜达

dāying rènshi míngbai
答应 认识 明白

3. 重なって使う名詞、または動詞の二文字目

bàba māma gēge jiějie dìdi mèimei yéye nǎinai wènwen tīngting kànkan
爸爸 妈妈 哥哥 姐姐 弟弟 妹妹 爷爷 奶奶 问问 听听 看看

chángchang xièxie mōmo cāca róurou guàngguang
尝尝 谢谢 摸摸 擦擦 揉揉 逛逛

一部の助詞

de de de zhe ma ba le ne a
的 得 地 着 吗 吧 了 呢 啊

## 五 音節の練習

1.「b p m f」と母音で構成している音節

ba bō bái bēi bāo bān běn bāng bèng bǐ bié biǎo biàn bìng bù
吧 波 白 杯 包 班 本 帮 蹦 比 别 表 变 病 不

pà pái péi pào pàn pēn pàng péng pí piě piào piàn pīn píng pǔ
怕 排 陪 泡 判 喷 胖 朋 皮 撇 票 片 拼 平 普

mā mò me mǎi méi máo mǎn mén máng měng mǐ miè miǎo miù miàn mín
妈 莫 么 买 没 毛 满 门 忙 猛 米 灭 秒 谬 面 民

míng mǔ
明 母

fǎ fó fēi fǒu fǎn fēn fāng fēng fú
法 佛 非 否 反 分 方 峰 福

2.「d t n l」と母音で構成している音節

dà de dài dé dào dōu dān dāng děng dōng dì dié diào diū diǎn
大 的 带 得 道 都 单 当 等 冬 第 叠 吊 丢 点

dìng dù duō duì duàn dùn
定 度 多 对 断 顿

tā tè tái tào tóu tán táng téng tōng tí tiē tiáo tiān tǐng tǔ
他 特 台 套 投 谈 糖 疼 通 提 贴 条 天 挺 土

tuō tuì tuán tūn
脱 退 团 吞

nà ne nài nèi nǎo nòu nán nèn náng néng nòng nǐ niē niǎo niú
那 呢 耐 内 脑 耨 男 嫩 囊 能 弄 你 捏 鸟 牛

nián nín niáng níng nù nuó nuǎn nǚ nüè
年 您 娘 宁 怒 挪 暖 女 虐

lā le lái léi lǎo lóu lán láng lěng lóng liǎng liè liào liú lián
拉 了 来 雷 老 楼 蓝 狼 冷 隆 两 列 料 留 连

lín liàng lǐng lù luò luàn lùn lǜ lüè
林 量 领 路 落 乱 论 绿 略

### 3.「g k h」と母音で構成している音節

gá gē gāi gěi gāo gòu gàn gēn gǎng gèng gōng gǔ guì guò guǐ guǎn
噶 歌 该 给 高 够 干 跟 岗 更 工 古 贵 过 轨 管

gǔn guāng
滚 光

kǎ kě kāi kǎo kǒu kàn kěn kāng kēng kōng kǔ kuā kuò kuài kuī
卡 可 开 考 口 看 肯 康 坑 空 苦 夸 括 快 亏

kuān kùn kuáng
宽 困 狂

hā hé hǎi hēi hǎo hòu hàn hěn háng héng hóng hú huà huái huí
哈 和 海 黑 好 厚 汗 很 行 横 红 胡 话 怀 回

huàn hún huāng
换 混 慌

### 4.「j q x」と母音で構成している音節

jǐ jiē jiāo jiǔ jiǎn jiāng jīn jìng jiǒng jū jué juǎn jūn
几 街 交 久 简 将 今 静 窘 居 决 卷 君

qí qià qiē qiǎo qiū qiàn qín qiáng qǐng qióng qū què quān qún
其 恰 切 巧 秋 欠 琴 强 请 穷 区 雀 圈 群

xī xià xiè xiào xiù xiān xīn xiǎng xìng xióng xù xué xuán xùn xǔ xūn
西 下 谢 笑 秀 先 新 想 性 熊 旭 学 悬 训 许 熏

### 5.「zh ch sh r 」と母音で構成している音節

zhì zhā zhě zhài zhè zhào zhōu zhǎn zhēn zhāng zhèng zhōng zhù zhǎo
志 渣 者 债 这 照 周 展 真 章 正 中 住 爪

zhuō zhuài zhuī zhuàn zhǔn zhuāng
桌 拽 追 赚 准 装

chī chá chē chāi chāo chōu chán chén chàng chéng chōng chū chuò
吃 茶 车 拆 超 抽 缠 陈 唱 成 充 出 啜

chuài chuī chuān chūn chuáng
踹 吹 穿 春 床

shì shā shè shài shuí shǎo shǒu shān shén shàng shēng shù shuā
是 杀 设 晒 谁 少 手 山 神 上 生 数 刷

shuō shuāi shuǐ shuān shùn shuāng
说 衰 水 栓 顺 双

rì rè rào ròu rán rén rǎng rēng róng rù ruò ruì ruǎn rùn
日 热 绕 肉 然 人 壤 扔 容 入 若 锐 软 润

6.「z c s」と母音で構成している音節

zì zá zé zài zéi zǎo zǒu zàn zěn zāng zēng zōng zū zuò zuì
字 杂 则 在 贼 早 走 赞 怎 脏 增 宗 租 坐 最

zhuàn zūn
赚 尊

cì cā cè cài cāo còu cǎn cén cáng céng cōng cū cuò cuī cuàn cún
次 擦 册 菜 操 凑 惨 岑 藏 曾 葱 粗 错 催 窜 存

sī sǎ sè sāi sāo sōu sàn sēn sāng sēng sòng sù suǒ suí suān sǔn
思 撒 色 塞 骚 搜 散 森 桑 僧 送 素 索 随 酸 笋

## 六　声調の変化

1.「不」に続く漢字の発音が4声である場合「不」を2声に変えて発音する。

búqù bújiàn búkàn búyòng búzuò búxiào búxiào búguì búdà búmàn búcuò
不去 不见 不看 不用 不做 不笑 不孝 不贵 不大 不慢 不错

búduì búlà búluàn bújiè
不对 不辣 不乱 不借

2.「一」に続く漢字の発音が4声である場合「一」は2声に発音する。

yíyì yíwàn yícì yíjiàn yífù yíyè yídùn yíbàn yíkuài yíliàng yízuò
一亿 一万 一次 一件 一副 一夜 一顿 一半 一块 一辆 一座

yíjià yícè yílǜ yíbiàn yícì yítàng yíshù
一架 一册 一律 一遍 一次 一趟 一束

3.「一」に続く漢字の発音が「1声」「2声」「3声」である場合「一」は2声に発音する。

yìjiā yìjīn yìtiān yìquān yìshēng yìqiān yìzhōu yìbēi yìnián yìtuán
一家 一斤 一天 一圈 一生 一千 一周 一杯 一年 一团

yìyuán yìtáng yìpán yìtóng yìbǎi yìwǎn yìkǔn yìliǎn yìqǐ yìzhǒng yìbǎ
一元 一堂 一盘 一同 一百 一晚 一捆 一脸 一起 一种 一把

4. 軽声の「个」の前の「一」は2声で発音する。

yíge
一个

### 七　母音の省略表記

「uei」は、音節を構成する場合「e」を省略して表記する。発音は変わらない。

huì　tuī　duì　guì　ruì　shuǐ　cuì　suì　kuī
会　推　对　贵　锐　水　脆　岁　亏

「iou」は、音節を構成する場合「o」を省略して表記する。発音は変わらない。

liù　jiǔ　qiū　qiú　jiù　diū　jiǔ　xiū
六　久　秋　求　就　丢　酒　修

「uen」は、音節を構成する場合「e」を省略して表記する。発音は変わらない。

chūn　zhǔn　dùn　hūn　zūn　shùn　xún　lùn　cún　sǔn　tún　tūn
春　准　顿　婚　尊　顺　寻　论　存　损　豚　吞

「j」「q」「x」と「ü」で音節を構成する場合、「ü」を「u」に変えて表記する。発音は変わらない。

jūmín　jūnduì　qúnzhòng　juédìng　jìxù　láiqù　qūbié　qǔxiāo　quēxí　xūyào
居民　军队　群众　决定　继续　来去　区别　取消　缺席　需要

xuéxiào　xuèyā　xūnzhāng
学校　血压　勋章

dìyīkè zìwǒjièshào
# 第一课　自我介绍

Wǒ jiào Yáng Gāng　Wǒ shì zhōng guó rén　Wǒ shì liú xué shēng
我叫杨刚。我是中国人。我是留学生。
Wǒ jiā zài Běi jīng
我家在北京。

Xiàn zàiwǒ zhù zài Cāng fū shì　Wǒ zài Hǎi biān dà xué dú shū　Wǒ yǒu liǎng
现在我住在仓敷市。我在海边大学读书。我有两
ge péng you　Yí ge shì Zhōng guó péng you　yí ge shì Rì běn péng you
个朋友。一个是中国朋友，一个是日本朋友。

Wǒ de ài hào shì huá bīng　Wǒ yě xǐ huan hé péng you pá shān
我的爱好是滑冰。我也喜欢和朋友爬山，
wǒ bú tài xǐ huan kàn diànshì
我不太喜欢看电视。

## 第一课　自己紹介

私は楊剛と申します。私は中国人です。私は留学生です。私の家は北京にあります。

私は今倉敷市に住んでいます。私は海辺大学に通っています。私には二人の友達がいます。一人は日本人で、もう一人は中国人です。

私の趣味はアイススケートをすることで、友達と登山することも好きです。テレビを見るのはあまり好きではありません。

## 語句 单词

| | | | | | |
|---|---|---|---|---|---|
| **動詞** | | | 留学生 | liúxuéshēng | 留学生 |
| 自我介绍 | zìwǒjièshào | 自己紹介 | 北京 | Běijīng | 北京 |
| 叫 | jiào | ……という | 仓敷市 | Cāngfūshì | 倉敷市 |
| 是 | shì | ……です | 日本人 | Rìběnrén | 日本人 |
| 在 | zài | ある | 朋友 | péngyou | 友達 |
| 有 | yǒu | いる | 海边 | hǎibiān | 海辺 |
| 来 | lái | 来る | 大学 | dàxué | 大学 |
| 读书 | dúshū | 勉強する | **前置詞** | | |
| 爬山 | páshān | 山登り | 在 | zài | ……で |
| 爱 | ài | 好きだ | **接続詞** | | |
| 滑冰 | huábīng | アイススケートをする | 和 | hé | と |
| 住在 | zhùzài | ……に住む | **助詞** | | |
| 喜欢 | xǐhuan | 好きだ | 的 | de | の |
| 看电视 | kàndiànshì | テレビを見る | **副詞** | | |
| **名詞** | | | 也 | yě | も |
| 单词 | dāncí | 語句 | 不太…… | bútài | あまり……ではない |
| 第一課 | dìyīkè | 第一課 | **数量詞** | | |
| 我 | wǒ | 私 | 一个 | yíge | 一人　一つ |
| 杨刚 | YángGāng | 人の名前 | 两个 | liǎngge | 二人　二つ |
| 中国人 | Zhōngguórén | 中国人 | | | |

## 補充語句 补充语句

| | | | | | |
|---|---|---|---|---|---|
| **疑問代名詞** | | | 二 | èr | 二 |
| 什么 | shénme | 何 | 三 | sān | 三 |
| 几个 | jǐge | 幾つ | 四 | sì | 四 |
| 哪国人 | nǎguórén | どの国の人 | 五 | wǔ | 五 |
| 哪儿 | nǎr | どこ | 六 | liù | 六 |
| 哪国 | nǎguó | どの国 | 八 | bā | 八 |
| **名詞** | | | 邮政局 | yóuzhèngjú | 郵便局 |
| 名字 | míngzi | 名前 | | | |
| 你 | nǐ | 貴方 | 小学 | xiǎoxué | 小学校 |
| 野田丽香 | YětiánLìxiāng | 野田麗香 | 公司 | gōngsī | 会社 |
| 美术 | měishù | 美術 | 九 | jiǔ | 九 |
| 广岛 | Guǎngdǎo | 広島 | 十 | shí | 十 |
| 一 | yī | 一 | 超市 | chāoshì | スーパー |
| 一百 | yìbǎi | 一百 | 美国人 | Měiguórén | アメリカ人 |
| 一千 | yìqiān | 一千 | 德国人 | Déguórén | ドイツ人 |
| 一万 | yíwàn | 一万 | 英国人 | Yīngguórén | イギリス人 |
| 一亿 | yíyì | 一億 | 巴西人 | Bāxīrén | ブラジル人 |
| 爸爸 | bàba | お父さん | 越南人 | Yuènánrén | ベトナム人 |
| 妈妈 | māma | お母さん | **動詞** | | |
| 姐姐 | jiějie | 姉 | 工作 | gōngzuò | 仕事をする |
| 弟弟 | dìdi | 弟 | 滑雪 | huáxuě | スキーをする |
| 妹妹 | mèimei | 妹 | 打网球 | dǎwǎngqiú | テニスをする |
| 高中 | gāozhōng | 高校 | 游泳 | yóuyǒng | 水泳する |
| 初中 | chūzhōng | 中学校 | 踢足球 | tīzúqiú | サッカーをする |
| 幼儿园 | yòuéryuán | 幼稚園 | 旅行 | lǚxíng | 旅行をする |
| 市政府 | shìzhèngfǔ | 市役所 | 打篮球 | dǎlánqiú | バスケットボールをする |
| 七 | qī | 七 | | | |

## 会話練習　会话练习

| | |
|---|---|
| Nǐ jiào shénme míngzi<br>你 叫 什 么 名 字? | Wǒ jiào Yáng Gāng　Wǒ jiào Yětián Lì xiāng<br>我 叫 杨 刚 。/ 我 叫 野 田 丽 香 。 |
| Nǐ shì nǎ guó rén<br>你 是 哪 国 人? | Wǒ shì Rìběn rén　Wǒ yě shì dàxué shēng<br>我 是 日 本 人。我 也 是 大 学 生 。 |
| Nǐ jiā zài nǎr<br>你 家 在 哪儿? | Wǒ jiā zài Guǎng dǎo<br>我 家 在 广 岛。 |
| Nǐ xuéxí shénme<br>你 学 习 什 么? | Wǒ xuéxí měi shù　Wǒ yě xuéxí Zhōng wén<br>我 学 习 美 术。我 也 学 习 中 文。 |
| Nǐ yǒu jǐ ge péngyou<br>你 有 几 个 朋 友? | Wǒ yǒu liǎng ge péng you<br>我 有 两 个 朋 友。 |
| Nǐ de àihào shì shénme<br>你 的 爱 好 是 什 么? | Wǒ de àihào shì dǎ lánqiú hé tī zúqiú<br>我 的 爱 好 是 打 篮 球 和 踢 足 球。 |
| Nǐ de àihào shì shénme<br>你 的 爱 好 是 什 么? | Wǒ de àihào shì lǚxíng<br>我 的 爱 好 是 旅 行。 |

## 文法ポイント　语法重点

### 1 「是」の用法

断定を表す動詞で、「です、だ、である」に当たる。形容詞の前には使わない。

「A是B」

構文1

我是留学生。我是中国人。

### 2 「在」の用法

（1）「在＋場所」物、人の存在場所を表す。「ある、いる」に当たる。

構文2

我家在北京。

（2）「在＋場所＋動詞」動作の場所を表す。「で」に当たる。

構文3

我在大学读书。

姐姐在大学工作。

哥哥在公司工作。

**3　趣味に関する表現**

（1）「喜欢 / 爱 + 動詞」

構文 4

我喜欢爬山，我也爱滑雪。

他们都喜欢旅行。

（2）「……爱好是……」

構文 5

哥哥的爱好是打篮球。

**4 「的」の用法**

「の」に当たる。

父亲是公司的职员。

哥哥的爱好是打篮球。

**5 「的」の省略**

「的」は、帰属する関係を表す場合、省略することができる。

我 + 家族名称：我爸爸　我妈妈　我哥哥

我 / 他们 / 我们 + 所属する機関：他们公司　我们大学　我国　我家

**6　疑問文**

疑問代名詞疑問文　判断がつかない場合に使う。

A 你是哪国人？

你叫什么名字？

你从哪儿来？

B「吗」疑問文　ある程度予想がつき、確認するために聞く場合に使う。

你是中国人吗?

C「……是不是……」反復疑問文　ある程度予想がつき、語気を和らげて聞く場合に使う。

你是不是中国人?

## 練習問題　练习题

一　次の言葉の拼音（音声記号）を（　　）に書き、その意味を矢印の後に書きなさい。

1 朋友　（　　　　）→　　2 工作　（　　　　）→
3 公司　（　　　　）→　　4 爬山　（　　　　）→
5 滑雪　（　　　　）→　　6 旅行　（　　　　）→
7 喜欢　（　　　　）→　　8 打篮球（　　　　）→

二　次の言葉を並べ替えて文を完成させなさい。

1 名字　叫　什么　你　→
2 你　哪国人　是　→
3 什么　做　你　工作　→
4 来　你　哪里　从　→
5 你　口　家　几　有　人 →

三　次の漢字に相当する日本語の漢字を（　　）に書きなさい。

1 欢（　　）2 爱（　　）3 银（　　）4 职员（　　）5 读书（　　）6 贸（　　）

四　補充単語を用いて次の文を中国語に訳しなさい。

1　私はアメリカ人です。　→
2　姉はスーパーで働いています。　→
3　妹は高校で勉強しています。　→
4　兄の趣味はバスケットボールをすることです。　→
5　私には二人の姉がいます。　→

五　本文を参考に「自我介绍」を書きなさい。

dìèrkè wǒdezǎochen

# 第二课　我的早晨

Měitiānzǎochenwǒqīdiǎn qǐ chuáng　Qǐchuánghòushuāyá xǐliǎn　Wǒ bú
每天早晨我七点起床。起床后刷牙，洗脸。我不
àizuòfàn　zǎofànchīmiàn bāo　hēniúnǎi　Wǒzǒngshìyì biān kàn diànshì　yìbiān
爱做饭，早饭吃面包，喝牛奶。我总是一边看电视，一边
chīzǎo fàn　Yǒushíyìbiāntīngyīnyuè　yìbiānxǐyīfu
吃早饭。有时一边听音乐，一边洗衣服。

Měizhōuzhōuèrhézhōuwǔdezǎochenrēnglājī　Chīwánzǎofànhòuwǒ shàng
每周周二和周五的早晨扔垃圾。吃完早饭后我上
xué
学。

Yīnwèicóngjiā dào xué xiàohěnjìn　suǒ yǐbùzháojídeshíhou jīng cháng zǒu zhe
因为从家到学校很近，所以不着急的时候经常走着
shàng xué　zháojídeshíhouwǒqízìxíngchēqùshàngxué
上学，着急的时候我骑自行车去上学。

## 第二課　私の朝

私は毎朝7時に起きます。起きてから歯を磨き、顔を洗います。私はご飯を作るのがあまり好きではありません。朝食にパンを食べて、牛乳を飲みます。いつもテレビを見ながら朝食を取ります。音楽を聴きながら洗濯することもあります。

毎週火曜日と金曜日の朝にゴミを捨てます。私は朝食後学校に行きます。

家から学校まで近いので、急がない時によく歩いて学校へ行きます。急ぐ時は自転車で行きます。

## 語句 单词

| | | | | | |
|---|---|---|---|---|---|
| **動詞** | | | 牛奶 | niúnǎi | ミルク |
| 起床 | qǐchuáng | 起きる | 面包 | miànbāo | パン |
| 刷牙 | shuāyá | 歯を磨く | 每周 | měizhōu | 毎週 |
| 洗衣服 | xǐyīfu | 洗濯する | 早饭后 | zǎofànhòu | 朝食後 |
| 洗脸 | xǐliǎn | 顔を洗う | 周二 | zhōuèr | 火曜日 |
| 做饭 | zuòfàn | ご飯を作る | 周五 | zhōuwǔ | 金曜日 |
| 吃 | chī | 食べる | **副詞** | | |
| 听音乐 | tīngyīnyuè | 音楽を聴く | 经常 | jīngcháng | よく、常に |
| 去 | qù | 行く | 总是 | zǒngshì | いつも |
| 扔垃圾 | rēnglājī | ゴミを捨てる | 有时 | yǒushí | 時々　時には |
| 走 | zǒu | 歩く | **接続表現** | | |
| 喝 | hē | 飲む | 一边……,<br>一边…… | yìbiān……<br>yìbiān…… | ……をしながら<br>……をする |
| 骑自行车 | qízìxíngchē | 自転車に乗る | 因为……, | yīnwèi…… | ……なので、 |
| 着急 | zháojí | 急ぐ | 所以 | suǒyǐ…… | …… |
| 不着急 | bùzháojí | 急がない | **助詞** | | |
| 上学 | shànxué | 学校へ行く | 着 | zhe | ……ている |
| **名詞** | | | **前置詞** | | |
| 每天 | měitiān | 毎日 | 从 | cóng | ……から |
| 早晨 | zǎochen | 朝 | 到 | dào | ……まで |

## 補充語句 补充语句

| | | | | | |
|---|---|---|---|---|---|
| 周一 | zhōuyī | 月曜日 | 周六 | zhōuliù | 土曜日 |
| 周二 | zhōuèr | 火曜日 | 周日 | zhōurì | 日曜日 |
| 周三 | zhōusān | 水曜日 | 几点 | jǐdiǎn | 何時 |
| 周四 | zhōusì | 木曜日 | 怎么 | zěnme | どうやって |
| 周五 | zhōuwǔ | 金曜日 | 什么时候 | shénmeshíhou | いつ、どんな時 |

## 会話練習 会话练习

| | |
|---|---|
| Měitiānzǎochennǐjǐdiǎnqǐchuáng<br>每天早晨你几点起床？ | Wǒqīdiǎnqǐchuáng<br>我七点起床。 |
| Nǐzuòzǎofànma<br>你做早饭吗? | Wǒbúàizuòzǎofàn<br>我不爱做早饭。 |
| ZǎofànNǐchīshénme<br>早饭你吃什么? | Wǒhēniúnǎichīmiànbāo<br>我喝牛奶，吃面包。 |
| Chīzǎofàndeshíhòunǐkàndiànshìma<br>吃早饭的时候你看电视吗? | Wǒyìbiānkàndiànshì yìbiānchīzǎofàn<br>我一边看电视，一边吃早饭。 |
| Nǐzěnmeqùshàngxué<br>你怎么去上学？ | Wǒqízìxíngchēshàngxué<br>我骑自行车上学。 |
| Nǐzěnmeqùshàngxué<br>你怎么去上学？ | Wǒzǒuzheqùshàngxué<br>我走着去上学。 |
| Nǐshénmeshíhourēnglājī<br>你什么时候扔垃圾？ | Wǒzhōuèrhézhōuwǔrēnglājī<br>我周二和周五扔垃圾。 |

## 文法ポイント　语法重点

### 1　動詞の連動式

前の動詞は後ろの動作を行う時の状態を表す。

構文6

| | |
|---|---|
| 骑自行车去上学 | 自転車に乗って学校へ行く |
| 走着去上学 | 歩いて学校へ行く |

### 2　接続表現①

（1）「一边＋動詞……，一边＋動詞……」は二つの動作を同時に行うことを表す。

構文7

一边吃饭，一边看电视

一边听音乐，一边洗衣服

（2）「因为……所以……」「……なので、……」

因为从家到学校很近，所以我经常走着上学。

### 3　「動詞句＋后」

「……てから……をする」は動作の前後順序を示すのに使う。

| | |
|---|---|
| 起床后洗脸，刷牙 | 起きてから、顔を洗い、歯を磨く |
| 吃早饭后上学 | 朝ご飯を食べてから学校へ行く |

## 練習問題　练习题

一　次の言葉の拼音（音声記号）を（　　　　）に書きなさい。

1 走着（　　　　　）　2 洗衣服（　　　　　）　3 扔垃圾　（　　　　　）

4 刷牙（　　　　　）　5 喝牛奶（　　　　　）　6 听音乐　（　　　　　）

7 着急（　　　　　）　8 有时候（　　　　　）　9 骑自行车（　　　　　）

二　次の言葉を並べ替えて文を完成させなさい。

1 骑　我　有时　上学　自行车　→

2 刷牙　起床　我　后　→

3 上学　着急　不　时候　走着　我　的　→

三　次の例に倣って動詞のフレーズを作りなさい。

例　洗→洗衣服

1 洗 →　2 吃 →　3 扔 →　4 看 →

5 骑 →　6 刷 →　7 喝 →　8 做 →

四　補充語句を用いて次の文を日本語に訳しなさい。

1 我有时一边听音乐，一边吃早饭。　→

2 早饭后我经常走着上学。　→

3 着急的时候我骑自行车上学。　→

4 不着急的时候我走着上学。　→

5 每周的周二和周五扔垃圾。　→

五　次の文を中国語に訳しなさい。

1 自転車に乗って学校へ行きます。　→

2 家から学校まで近いので、歩いて学校へ行きます。→

3 ご飯を食べながら、テレビを見ます。　→

4 急がない時に歩いて学校へ行きます。　→

dìsānkè shǔjiàwǒzuòlehěnduōshì
# 第三课 暑假我做了很多事

Shǔ jià jié shù le Fàng le liǎng ge yuè de shǔ jià Zhè ge shǔ jià
暑假结束了。放了两个月的暑假。这个暑假
wǒ zuò le hěn duō shì
我做了很多事。

Wǒ dǎ le liǎng fèn gōng Dǎgōng zhèng le sānshíwàn Rì yuán Wèi le jiǎn qīng
我打了两份工。打工挣了三十万日元。为了减轻
fù mǔ de fù dān wǒ zì jǐ zhīfù le liǎng gè yuè de fáng fèi Wǒ hái yòng dǎgōng de qián
父母的负担，我自己支付了两个月的房费。我还用打工的钱
mǎi le yì tái èr shǒu chē Wǒ méi mǎi xīn chē xīn chē bǐ èr shǒu chē guì mǎi chē
买了一台二手车。我没买新车，新车比二手车贵。买车
huā le èrshíwàn Rì yuán Wǒ zì jǐ kāichē yòng diàn huà dǎo háng Wǒ yóu lǎn
花了二十万日元。我自己开车，用电话导航。我游览
le Nài liáng Jīng dū Míng gǔ wū Míng gǔ wū shì dà chéng shì Míng gǔ wū
了奈良、京都、名古屋。名古屋是大城市。名古屋
bǐ Nài liáng Jīng dū fán huá Wǒ méi qù Héng bīn hé Dōng jīng
比奈良、京都繁华。我没去横滨和东京。

Wǒ dù guò le yí ge chōngshí ér yú kuài de shǔ jià
我度过了一个充实而愉快的暑假。

## 第三課　夏休みにたくさんのことをしました

夏休みが終わりました。夏休みは2ヶ月でした。私はこの夏休みにたくさんのことをしました。

私は2箇所でバイトをしました。アルバイトで30万円稼ぎました。両親の負担を減すために自分で2ヶ月分の家賃を払いました。アルバイトのお金で中古車を一台買いました。新車は買いませんでした。新車は中古車より高いです。車を買うのに20万円かかりました。

私は自分で運転し、電話のナビを使って奈良、京都、名古屋を観光しました。名古屋は大都市で、奈良や京都より賑やかです。横浜と東京には行きませんでした。

私は充実した楽しい夏休みを過ごしました。

## 語句 单词

| | | |
|---|---|---|
| **動詞** | | |
| 结束 | jiéshù | 終わる |
| 做 | zuò | する |
| 放暑假 | fàngshǔjià | 夏休みになる |
| 打工 | dǎgōng | アルバイト |
| 支付 | zhīfù | 支払う |
| 挣钱 | zhèngqián | お金を稼ぐ |
| 减轻 | jiǎnqīng | 軽減する |
| 买 | mǎi | 買う |
| 花 | huā | お金を使う |
| 开车 | kāichē | 車を運転する |
| 导航 | dǎoháng | ナビを使う |
| 游览 | yóulǎn | 観光する |
| 度过 | dùguò | 過ごす |
| **名詞** | | |
| 事 | shì | こと |
| 房租 | fángzū | 家賃 |
| 父母 | fùmǔ | 両親 |
| 负担 | fùdān | 負担 |
| 钱 | qián | お金 |
| 新车 | xīnchē | 新車 |
| 自己 | zìjǐ | 自分 |
| 二手车 | èrshǒuchē | 中古車 |
| 电话 | diànhuà | 電話 |
| 奈良 | Nàiliáng | 奈良 |
| 京都 | Jīngdū | 京都 |
| 名古屋 | Mínggǔwū | 名古屋 |
| 大城市 | dàchéngshì | 大都市 |
| 横滨 | Héngbīn | 横浜 |
| 东京 | Dōngjīng | 東京 |
| **副詞** | | |
| 很 | hěn | とても |
| 还 | hái | また |
| 没 | méi…… | ……しなかった |
| **接続表現** | | |
| 而 | ér | 且つ |
| **助詞** | | |
| 了 | le | 動作の完了を表す |
| **前置詞** | | |
| 用 | yòng | ……で |
| 为了 | wèile | ……のために |
| 比 | bǐ | ……より |
| **形容詞** | | |
| 多 | duō | 多い |
| 充实 | chōngshí | 充実している |
| 繁华 | fánhuá | 賑やかだ |
| 新 | xīn | 新しい |
| 贵 | guì | 高い |
| 愉快 | yúkuài | 楽しい |
| **数量詞** | | |
| 三十万日元 | sānshíwànRìyuán | 30万円 |
| 二十万日元 | èrshíwànRìyuán | 20万円 |
| 两份工 | liǎngfèngōng | 二箇所のアルバイト |
| 一台 | yìtái | 一台 |

## 補充語句 补充语句

| | | | | | |
|---|---|---|---|---|---|
| 放假 | fàngjià | 休みになる | 半年 | bànnián | 半年 |
| 放寒假 | fànghánjià | 冬休みになる | 一年 | yìnián | 一年 |
| 放春假 | fàngchūnjià | 春休みになる | 一天 | yìtiān | 一日 |
| 节假日 | jiéjiàrì | 祝日、祭日、休日 | 半天 | bàntiān | 半日 |
| 连休 | liánxiū | 連休 | 多长时间 | duōcháng shíjiān | どれだけの時間 |
| 今年 | jīnnián | 今年 | 多少人 | duōshaorén | どれだけの人数 |
| 明年 | míngnián | 来年 | 多少钱 | duōshaoqián | いくら |
| 后年 | hòunián | 再来年 | 多少天 | duōshaotiān | 何日間 |
| 去年 | qùnián | 昨年 | 几个月 | jǐgeyuè | 何ヶ月間 |
| 一个月 | yígeyuè | 一ヶ月 | 几年 | jǐnián | 何年間 |
| 两个月 | liǎnggeyuè | 二ヶ月 | 为什么 | wèishénme | 何のために |
| 三个月 | sāngeyuè | 三ヶ月 | 几口人 | jǐkǒurén | 何人家族 |

## 会話練習 会话练习

| | |
|---|---|
| Shǔjiàfàngleduōchángshíjiān<br>1 暑 假 放 了多 长 时 间 ？ | Shǔjiàfàngleliǎnggeyuè<br>暑 假 放 了 两 个月 。 |
| Shǔjiànǐzuòshénmele<br>2 暑 假 你 做 什 么了? | Shǔjiàwǒdǎgōngle<br>暑 假 我打 工 了。 |
| Shǔjiànǐdǎlejǐfèngōng<br>3 暑 假 你打了几 份 工 ？ | Wǒdǎleliǎngfèngōng<br>我打了 两 份 工 。 |
| Nǐwèishénmedǎgōng<br>4 你 为 什 么打 工 ？ | Wǒwèilejiǎnqīngfùmǔdefùdān<br>我 为 了 减 轻 父母的负 担 。 |
| Dǎgōngdeqiánzuòshénmele<br>5 打 工 的 钱 做 什 么了? | Wǒmǎileyìtáichē háizhīfùliǎnggeyuè<br>我 买 了一 台 车， 还 支 付 两 个 月<br>defángfèi<br>的 房 费 。 |
| Nǐdeshǔjiàhěnchōngshíba<br>6 你的 暑 假 很 充 实 吧? | Shìde chōngshíéryúkuài<br>是 的， 充 实 而 愉 快 。 |

## 文法ポイント 语法重点

### 1 助詞「了」

動詞の後、または文末に位置し、動作の実現、完了、ある状態の発生を表す。

構文 8

「動詞＋了」

暑假结束了。

構文 9

「動詞＋名詞＋了」

我买车了。

我游览京都了。

構文 10

「動詞＋了＋数量＋名詞」

| | |
|---|---|
| 买车 | 买了一辆车 |
| 挣钱 | 挣了 30 万日元 |
| 打工 | 打了两份工 |
| 支付房费 | 支付了两个月的房费 |

### 2 離合動詞

動名詞構造の動詞を前後に離して、その間に「数量詞／了」などを挟んで使う動詞を離合動詞という。

構文 11

「動詞＋了＋数量詞＋名詞」

打工 → 打了两份工

挣钱 → 挣了很多钱

花钱 → 花了很多钱

放假 → 放了一个月假

### 3 比較表現

構文 12

「A 比 B ＋形容詞」

新车比二手车贵。

名古屋比京都繁华。

### 4　形容詞の用法

（1）述語になる。

从家到学校很近。

新车很贵。

二手车很便宜。

（2）形容詞＋的＋名詞

我度过了愉快的暑假。

我度过了充实的暑假。

（3）単音節の形容詞が名詞を修飾する場合、その前に「很」を添えて使う。

○昨天我做了很多事。

× 昨天我做了多事。

### 5　接続表現②

「……而……」且つ……

二つの形容詞の間に位置し、同じ事柄の二つの方面を述べる。

我度过了愉快而充实的暑假。

### 6　副詞「没」

動詞の前に位置し、今までしていないことを表す。

我没买新车。

我没去东京和横滨。

## 練習問題　练习题

一　次の言葉の意味に当てはまる日本語を（　　　）に書きなさい。

1 结束（　　　　　）　2 支付（　　　　　）　3 开车　（　　　　　）

4 充实（　　　　　）　5 减轻（　　　　　）　6 度过　（　　　　　）

二　次の言葉を並べ替えて文を完成させなさい。

1 打工　买　一台　的　钱　二手车　用　我

→

2 充实　度过　愉快　暑假　了　一个　我　而　的

→

3 房费　了　支付　我　两个月　的　自己

→

4 二手车　新车　贵　比

→

三　次の文を中国語に訳しなさい。

1 私は車を買うのに20万円かかりました。

→

2 新車が高いので、中古車を買いました。

→

3 両親の負担を減らすために夏休みにアルバイトをしていました。

→

4 自分で運転して京都と横浜へ行きました。

→

dìsìkè wǒshìliǎngniánqiánláiRìběnde
# 第四课 我是两年前来日本的

Wǒ lái Rì běn liǎng nián le Wǒ de Rì yǔ shì zài Zhōng guó xué de Wǒ lái rì
我来日本两年了。我的日语是在中国学的。我来日
běn liú xué shì wǒ zì jǐ jué dìng de Wǒ de xué fèi shì fù mǔ gěi de Wǒ shì wèi le
本留学是我自己决定的。我的学费是父母给的。我是为了
tǐ yàn Rì běn shēnghuó lái Rì běn de
体验日本生活来日本的。

Xiànzài wǒ yǐjīng xíguàn le zài Rìběn de shēnghuó Zài zhè lǐ wǒ chuān guo hé
现在我已经习惯了在日本的生活。在这里我穿过和
fú kàn guo yīnghuā chī guo zhèngzōng de Rìběn liàolǐ Wǒ jīng lì le cóng lái méi
服，看过樱花，吃过正宗的日本料理。我经历了从来没
yǒu jīng lì guo de shì qing
有经历过的事情。

Zhè lǐ de lǎoshī hé tóng xué men duì wǒ hěn qīnqiè Wǒ de liúxué shēnghuó fēi
这里的老师和同学们对我很亲切。我的留学生活非
cháng yǒu shōu huò
常有收获。

## 第四課　私は２年前に日本に来ました

私は日本に来て２年になりました。私の日本語は中国で学びました。日本への留学は私自身が決めたことです。学費は両親がくれました。私は日本の生活を体験するため、日本に来ました。

今はもう日本での生活に慣れました。ここで着物を着たり、花見をしたり、本格的な日本食を食べたこともあります。今までしたことのない経験をしました。

ここの先生やクラスメートたちは私にとても親切です。私の留学生活はとても有意義なものです。

## 語句 单词

| | | | | | |
|---|---|---|---|---|---|
| **動詞** | | | 老师 | lǎoshī | 先生 |
| 来 | lái | 来る | 这里的 | zhèlide | ここの |
| 决定 | juédìng | 決める | 同学们 | tóngxuémen | 学生の皆さん |
| 给 | gěi | くれる あげる | **形容詞** | | |
| 体验 | tǐyàn | 体験する | 亲切 | qīnqiè | 親切だ |
| 习惯 | xíguàn | 慣れる | 正宗 | zhèngzōng | 本場の |
| 穿 | chuān | 着る | **前置詞** | | |
| 经历 | jīnglì | 経験する | 对…… | duì…… | ……に対して |
| **名詞** | | | **助詞** | | |
| 两年前 | liǎngniánqián | 二年前 | 过 | guo | ……たことがある |
| 学费 | xuéfèi | 学費 | 了 | le | なった |
| 生活 | shēnghuó | 生活 | **副詞** | | |
| 和服 | héfú | 和服 着物 | 已经 | yǐjīng | すでに、もう |
| 樱花 | yīnghuā | 桜 | 非常 | fēicháng | 非常に |
| 日本料理 | Rìběnliàolǐ | 日本料理 | 从来 | cónglái | いままで |

## 補充語句 补充语句

| | | | | | |
|---|---|---|---|---|---|
| 谁 | shuí | 誰 | 法语 | Fǎyǔ | フランス語 |
| 汉语 | Hànyǔ | 中国語 | 德语 | Déyǔ | ドイツ語 |
| 英语 | Yīngyǔ | 英語 | 西班牙语 | Xībānyáyǔ | スペイン語 |

## 会話練習 会话练习

| | |
|---|---|
| NǐshìshénmeshíhòuláiRìběnde<br>1 你是 什 么时 候 来日本的? | WǒshìliǎngniánqiánláiRìběnde<br>我是 两 年 前 来日本的。 |
| NǐdeRìyǔshìzàinǎlixuéde<br>2 你的日语是 在哪里学的? | WǒdeRìyǔ shìzàiZhōngguóxuéde<br>我的日语 是在 中 国学的。 |
| NǐláiRìběnshìshuíjuédìngde<br>3 你来日本是 谁 决 定 的? | LáiRìběnshìwǒzìjǐjuédìngde<br>来 日本 是我自己决 定 的。 |
| NǐshìwèishénmeláiRìběnde<br>4 你是 为 什 么来日本的? | WǒshìwèiletǐyànRìběnshēnghuóláide<br>我是 为了体验日本 生 活来的。 |
| Nǐdexuéfèishìshuígěide<br>5 你的学 费 是 谁 给的? | Wǒdexuéfèishìfùmǔgěide<br>我的学 费 是父母给的。 |

## 文法ポイント 语法重点

**1 「動詞＋時間名詞＋了」**

動作が経過した時間を表す。

構文 13

我来日本两年了。

我学习中文 3 年了。

**2 「是……的」（肯定形と疑問形は「是」を省くこともできる）**

完成した動作または事実となった事柄について、さらに「誰、時間、場所、手段、相手」などを説明するのに使う。

構文 14

我是两年前来日本的。

我的日语是在中国学的。

来日本留学是我自己决定的。

我是为了体验日本的生活来日本的。

我的学费是父母给的。

**3 「動詞＋过」**

かつてあることをした、ある経験をしたことを表す。

否定は「没＋動詞＋过」である。

構文 15

穿过和服

看过樱花

吃过正宗的日本料理

经历了从来没有经历过的事情

没吃过生鱼 (shēngyú)

没去过北海道 (Běihǎidào)

**4　变化の「了」**

文末に置き、物事の変化を表す。

構文 16

暑假结束了。

## 練習問題　练习题

一　次の言葉の拼音を（　　　　）に書きなさい。

1 这里的（　　　）　2 为了（　　　）　3 非常（　　　）　4 生活（　　　）

5 同学们（　　　）　6 正宗（　　　）　7 决定（　　　）　8 习惯（　　　）

二　次の言葉を並べ替えて文を完成させなさい。

1 日本　留学　决定　是　自己　我　的　来　→

2 亲切　这里　老师　我　对　很　和　同学　的　→

3 习惯　生活　我　日本　了　在　的　现在　→

4 留学　有收获　我　生活　的　非常　→

5 正宗　吃　日本料理　过　的　我　→

三　次の言葉と同じ意味の日本語の漢字を（　　　）に書きなさい。

1 决定（　　　）　2 亲切（　　　）　3 体验（　　　）　4 樱花（　　　）

5 为了（　　　）　6 收获（　　　）　7 老师（　　　）　8 经历（　　　）

四　補充語句を用いて次の文を中国語に訳しなさい。

1 私は日本の生活を体験するために日本に来ました。

→

2 私の学費は両親が払ってくれました。

→

3 私はもう日本での生活に慣れました。

→

4 私は今までしたことのない経験をしました。

→

dìwǔkè tāláidiànhuàshíwǒxǐzǎoláizhe
# 第五课 他来电话时我洗澡来着

Zuótiānwǎnshangwǒdetóngxuéláidiànhuàle Dāng shíwǒxǐzǎoláizhe
昨天晚上我的同学来电话了。当时我洗澡来着。

Wǒ men hěn jiǔ méi yǒu lián xì le Hòu lái wǒ gěi tā huí diàn huà shí tā zhèng zài kāi chē lái zhe Tā méi jiē diàn huà Yú shì wǒ yòu gěi tā dǎ le yí cì diàn huà bùqiǎotāzhèngzàikāihuìláizhe
我们很久没有联系了。后来我给他回电话时他正在开车来着。他没接电话。于是我又给他打了一次电话，不巧他正在开会来着。

Zuìhòuwǒjiùgěitāfāleyígeduǎnxìn zàiduǎnxìnlǐgàosutābú yòng zài gěi wǒ dǎ diàn huàle yǒu shìgěiwǒfāduǎnxìn liú yán
最后我就给他发了一个短信，在短信里告诉他不用再给我打电话了，有事给我发短信，留言。

Fāduǎnxìnyòupiányi yòu fāng biàn
发短信又便宜，又方便。

## 第五課　彼から電話が掛かってきた時シャワーをしていました

昨日の夜、クラスメートから電話が掛かってきました。その時、私はシャワーをしていました。

私達は互いにしばらく連絡を取っていませんでした。あとで彼に折り返し電話をしたとき、彼は運転をしていて、電話に出ませんでした。それで私はまた彼に１回電話をしましたが、あいにく彼は会議をしていました。

最後に、彼にメールを送りました。もう電話をしなくても、用事がある時私にショートメールを送るようにお願いしました。

ショートメールは安くて便利です。

## 語句 单词

| | | |
|---|---|---|
| **動詞** | | |
| 来电话 | láidiànhuà | 電話が掛かってくる |
| 洗澡 | xǐzǎo | シャワーをする |
| 联系 | liánxì | 連絡する |
| 回电话 | huídiànhuà | 折り返し電話をする |
| 开会 | kāihuì | 会議を開く |
| 接电话 | jiēdiànhuà | 電話に出る |
| 告诉 | gàosu | 言う、教える |
| 有事 | yǒushì | 用事がある |
| 后来 | hòulái | そのあと |
| 留言 | liúyán | 伝言する |
| 不用 | búyòng | ……をしなくていい |
| 发短信 | fāduǎnxìn | ショートメールを送信する |
| 打电话 | dǎdiànhuà | 電話をかける |
| **名詞** | | |
| 当时 | dāngshí | その時 |
| 那时 | nàshí | その時 |
| 后来 | hòulái | そのあと |
| 最后 | zuìhòu | 最後 |
| 短信 | duǎnxìn | ショートメール |
| **副詞** | | |
| 不巧 | bùqiǎo | あいにく |
| 再 | zài | また、再び |
| 又 | yòu | また |
| 正在 | zhèngzài | ちょうど……している |
| **形容詞** | | |
| 久 | jiǔ | 長い（間） |
| 便宜 | piányi | 安い |
| 方便 | fāngbiàn | 便利だ |
| **助詞** | | |
| ……来着 | láizhe | ……ていた |
| **前置詞** | | |
| 给 | gěi | に |
| **接続表現** | | |
| 于是 | yúshì | そして |
| 又……<br>又…… | yòu……<br>yòu…… | ……したり<br>……したりする |

## 補充語句 补充语句

| 手机 | shǒujī | 携帯電話 | 号码 | hàomǎ | 番号 |
|---|---|---|---|---|---|
| 为了……高兴 | wèile……gāoxìng | ……ために喜ぶ | 照下来 | zhàoxialai | 写真に撮る |
| 没有钱 | méiyǒuqián | お金がない | 对了 | duìle | 気づきを表す |
| 对 | duì | 正しい、そうだ | 还是 | háishi | やはり……したほうがいい |

## 会話練習 会话练习

| | |
|---|---|
| Nǐhǎo Hǎojiǔméiliánxìle<br>1 你好！好 久 没 联 系了。 | NǐhǎoDuìle Wǒmǎixīnshǒujīle<br>你好。对了！我 买 新 手 机了。 |
| Shìma Wèinǐgāoxìng<br>2 是 吗？为 你 高 兴。 | Zhèshìwǒdexīnhàomǎ<br>这 是 我的 新 号 码。 |
| Nǐdexīnhàomǎshìduōshǎo<br>3 你的 新 号 码 是 多 少？ | Bā líng bā qī líng qī líng liù líng liù líng<br>8 0 8 7 0 7 0 6 0 6 0 |
| Wǒzhàoxialai<br>4 我 照 下 来。 | Yǒushìgěiwǒdǎdiànhuà<br>有 事 给 我 打 电 话。 |
| Háishifāduǎnxìnba<br>5 还 是 发 短 信 吧。 | Duì Fāduǎnxìnyòupiányi yòufāngbiàn<br>对。发 短 信 又 便 宜，又 方 便。 |

## 文法ポイント 语法重点

### 1 現在進行形

「正在＋動詞」動作が進行中ということを表す。

構文 17

他正在开会。

我正在开车。

### 2 過去進行形

「動詞＋来着」過去の時間にある動作が進行していたことを表す。「了」を用いない。

構文18

昨天来电话的时候我洗澡来着。

他来电话的时候正在开会来着。

他来电话的时候我正在开车来着。

### 3　副詞「又」と「再」

「又」はすでに同じ動作が繰り返されたことを表す。文末には「了」が付く。

昨天我给他打电话了。

今天我又给他打电话了。

「再」はこれから同じ動作を繰り返すことを表す。文末には「了」が付かない。

昨天我给他打了一次电话。

明天再给他打电话。

### 4　前置詞「给」

「给……動詞」は動作の対象を導く。

構文19

我给你打电话。

你给我发短信。

### 5　慣用語句①

「不用再……」「もう……する必要がない」

不用再给我打电话了。　　　もう私に電話をしなくてもいい。

不用再给我回电话了。　　　もう私に折り返し電話をしなくてもいい。

### 6「一字多音」

中国語には漢字が同じで、発音が異なるものがある。

便宜　piányi（安い）　方便　fāngbiàn　（便利だ）

银行　yínháng（銀行）　自行车　zìxíngchē（自転車）

**練習問題　练习题**

一　次の例に倣って与えられた言葉を用いて文を完成させなさい。

洗澡　洗衣服　听音乐　开车　看电视

例 他来电话的时候我正在洗澡来着。

1　　　　　　　　　　　2

3　　　　　　　　　　　4

二　次の中国語は右の日本語のどれに当たるか、その番号を（　　）に書きなさい。

| | | |
|---|---|---|
| 1 来电话 | 電話がかかってくる | （　　） |
| 2 打电话 | 電話に出る | （　　） |
| 3 接电话 | 折り返し電話をする | （　　） |
| 4 回电话 | 電話をかける | （　　） |

三　次の言葉を並べ替えて文を完成させなさい。

1 朋友　的　我　给　来电话　昨天　了　→

2 没　很久　联系　我们　了　→

3 昨天　我　他　给　了　短信　发　→

4 开会　没　接电话　我　的　时候　→

5 不用　电话　我　再　了　给　回　→

四　補充単語を用いて次の文を中国語に訳しなさい。

1 ショートメールのやり取りは便利で安い。

→

2 運転中に電話をしないでください。

→

3 昨日彼から電話が掛かってきた時に私はシャワーをしていた。

→

4 友達に折り返しの電話をします。

→

5 運転しながら電話をしないでください。

→

6 彼に用事がある時にショートメールを送るように言いました。

→

dìliùkè dàifurànghùshigěiwǒliángtǐwēn
# 第六课　大夫让护士给我量体温

Qián liǎng tiān yīn wèi wǒ gǎn mào le yòu késou yòu fā shāo Suǒ yǐ qù
前两天因为我感冒了，又咳嗽，又发烧。所以去
yī yuàn kàn bìngle
医院看病了。

Dàifurànghùshigěiwǒliáng tǐ wēn liángxuèyā Dàifu háirànghùshi gěi wǒ
大夫让护士给我量体温，量血压。大夫还让护士给我
dǎle yìzhēn tuìshāoyào
打了一针退烧药。

Dàifugěiwǒkāilesāntiānde yào Dàifu zhǔfù wǒchī yào hái ràng wǒ duō
大夫给我开了三天的药。大夫嘱咐我吃药，还让我多
duō hē shuǐ hǎohǎoxiūxi Zuìhòuháiduìwǒ shuō yào shibú jiàn hǎo nǐzàilái
多喝水，好好休息。最后还对我说：“要是不见好，你再来。”

Yúshìwǒànzhàodàifudezhǔfù ànshíchī yào zǎozǎoshuì jiào Guò le liǎng
于是我按照大夫的嘱咐，按时吃药，早早睡觉。过了两
tiān yěbùkésoule yětuìshāole gǎnmàowánquán hǎole
天，也不咳嗽了，也退烧了。感冒完全好了。

## 第六課　先生は看護師に私の体温を測るように言いました

先日私は風邪を引いて、咳が出て、熱が出たので、病院へ診察に行きました。

病院の先生は看護師に私の体温と血圧を測定するように指示しました。また看護師に私に解熱剤の注射をするように指示しました。

先生は私に３日分の薬を処方してくれました。先生は私に時間通りに薬を飲み、早めに寝て、水分を多く取るようにと言いました。最後に「もし良くならなければまた来てください」と言いました。

そして私は先生の指示に従い、時間通りに薬を飲みました。２日間経って咳きも止まり、熱も下がりました。風邪はすっかり治りました。

## 語句 单词

| | | | | | |
|---|---|---|---|---|---|
| **動詞** | | | 过 | guò | 経つ |
| 感冒 | gǎnmào | 風邪を引く | **名詞** | | |
| 咳嗽 | késou | 咳が出る | 大夫 | dàifu | 病院の先生 |
| 发烧 | fāshāo | 熱が出る | 前两天 | qiánliǎngtiān | 先日 |
| 看病 | kànbìng | 診察を受ける | 护士 | hùshi | 看護師 |
| 让 | ràng | させる | **副詞** | | |
| 量体温 | liángtǐwēn | 体温を測る | 按时 | ànshí | 時間通りに |
| 量血压 | liángxuěyā | 血圧を測る | 好好 | hǎohǎo | しっかり |
| 开药 | kāiyào | 薬を出す | 完全 | wánquán | すっかり |
| 打针 | dǎzhēn | 注射をする | 早点儿 | zǎodiǎnr | 早めに |
| 按照 | ànzhào | 従う | **形容詞** | | |
| 嘱咐 | zhǔfù | 言いきかせる | 早 | zǎo | 早い |
| 吃药 | chīyào | 薬を飲む | 好 | hǎo | よい |
| 说 | shuō | 言う | | | |

## 補充語句 补充语句

| | | |
|---|---|---|
| 怎么了 | zěnmele | どうしましたか、何のことですか |
| 怎么样了 | zěnmeyàngle | どうなりましたか |

## 会話練習 会话练习

| | |
|---|---|
| Nǐqiántiānméiláishàngkèba<br>1 你 前　天 没 来　上　课吧？ | Shìde　Wǒméilái<br>是 的。我 没　来 。 |
| Nǐzěnmele<br>2 你 怎 么 了？ | Wǒgǎnmàole　yòukésou yòufāshāo<br>我 感　冒 了，又 咳嗽，又 发　烧　。 |
| Nǐqùyīyuànkànbìnglema<br>3 你去医 院　看　病　了吗？ | Wǒqùyīyuànkànbìngle<br>我去医 院　看　病　了。 |
| Dàifushuōshénmele<br>4 大 夫 说　什 么了？ | Dàifuràngwǒànshíchīyào hǎohǎoxiūxi<br>大 夫 让 我按 时 吃 药，好 好 休 息。 |
| Nǐxiànzàizěnmeyàng<br>5 你 现　在 怎 么 样 ？ | Wǒwánquánhǎole<br>我 完　全　好 了。 |

## 文法ポイント 语法重点

### 1　使役表現

使役動詞「让」は、「させる」に当たる。文末には通常「了」が付かない。

「A 让 B+ 動詞」

構文 20

大夫让我吃药。　　先生が私に薬を飲むように言いました。

大夫让我多多喝水。　　先生は私に多く水分を取るように言いました。

大夫让我早早睡觉。　　先生は私に早く寝るように言いました。

大夫让我好好休息。　　先生は私によく休むように言いました。

大夫让护士给我打针。　　先生は看護士に私に注射するように指示しました。

「告诉」や「嘱咐」も、「指示、命令、お願い」などの使役の意味合いがある。

大夫告诉我按时吃药。　　先生は私に時間通りに薬を飲むように言いました。

「对……说“……”」も使役の意味合いを表すことができる。

大夫对我说：“你要早点儿睡觉。”　　先生は私に「早く寝なさい」と言いました。

### 2　形容詞の副詞用法①

「形容詞 + 動詞」形容詞は、副詞の役割を果たす。重ねて使えるものもある。

構文 21

多　我的朋友很多。　　（形容詞）

多喝水 / 多多喝水。　　　（副詞）

早　我起床的时间很早。　（形容詞）

早睡觉 / 早早睡觉　　　　（副詞）

好　他的睡眠好。　　　　（形容詞）

好好休息。　　　　　　　（副詞）

**練習問題　练习题**

一　次の言葉を並べ替えて文を完成させなさい。

1 大夫　喝　我　多多　让　水　→

2 大夫　护士　打针　给　让　我　→

3 开　大夫　三天　药　的　我　给　了　→

4 感冒　好　完全　了　→

二　次の例に倣って与えた言葉を用いて文を完成しなさい。

让　嘱咐　告诉　按时　多多　早早　好好

例　多多喝水 →　大夫嘱咐我多多喝水。

1 睡觉 →

2 休息 →

3 吃药 →

三　補充語句を用いて次の文を中国語に訳しなさい。

1 昨日あなたは会議を欠席しました。どうしたのですか。 →

2 病院の先生はどうでしたか。親切でしたか。 →

3 風邪はどうですか。完全に治りましたか。 →

四　次の漢字に拼音を付けなさい。

| | | | | | | |
|---|---|---|---|---|---|---|
| 1 大夫 | 2 护士 | 3 告诉 | 4 咳嗽 | 5 要是 | 6 休息 | 7 过了 |
| 8 怎么 | 9 吃过 | 10 名字 | 11 朋友 | 12 对了 | 13 你呢 | 14 什么 |
| 15 来着 | 16 我的 | 17 是不是 | 18 是吗 | 19 妈妈 | 20 你们 | 21 早点儿 |

五　疑問代名詞などの意味を確認しましょう。

| | |
|---|---|
| 1 什么 | 何 |
| 2 什么名字 | なんという名前 |
| 3 谁 | 誰 |
| 4 哪国人 | どの国の人 |
| 5 怎么 | どのように |
| 6 怎么样 | どうですか（感想など目に見えないものを聞く） |
| 7 怎么样了 | どうしましたか |
| 8 什么样 | どのような感じか（色、形、概観など目に見えるものを聞く） |
| 9 怎么了 | どうしましたか（変化、様子を聞く） |
| 10 什么事 | なんの件ですか（要件、用事を聞く） |
| 11 什么时候 | いつ |
| 12 几个人 | 何人 |

# dìqīkè chūménzhīqiányàozuòdeshì
# 第七课 出门之前要做的事

Chūménzhīqiánwǒzǒngshìbǎyìtiāndeshíjiānānpái hǎo
出门之前我总是把一天的时间安排好。

Bǎyàozuòdeshìqingdōujìxiàlai chūménqiánbǎyàodàidedōngxizhǔnbèi hǎo
把要做的事情都记下来，出门前把要带的东西准备好。

Bǎ shuǐ diàn méiqìdōuguān hǎo Bǎménsuǒ hǎo Bǎdiànhuàdài shang
把水、电、煤气都关好。把门锁好。把电话带上。

Jiànréndeshí hou bǎjiànmiàndeshí jiān dìdiǎnyuēdìng hǎo Bǎzuòchēde
见人的时候，把见面的时间，地点约定好。把坐车的

lùxiànjìhuà hǎo Jìnliàngtíqiányìdiǎn r dàodá
路线计划好。尽量提前一点儿到达。

## 第七課　出かける前にすること

出かける前に私はいつも自分の１日のスケジュールを組んでおきます。

その日にすることを書いておきます。外出する前に、持って行きたいものを準備しておきます。水道、電気、ガスを消して、ドアをロックします。携帯電話を持っていきます。

人と会うときは、会う時間と場所を約束しておきます。どうやって行くかも計画しておきます。できるだけ早めに着くように心がけます。

## 語句 单词

| 動詞 | | | 名詞 | | |
|---|---|---|---|---|---|
| 出门 | chūmén | 出かける | 之前 | zhīqián | ……の前 |
| 要 | yào | ……しようとする | 事情 | shìqing | ものこと |
| 安排 | ānpái | スケジュールを組む | 时间 | shíjiān | 時間 |
| 记下来 | jìxialai | メモをする | 东西 | dōngxi | 物 |
| 约定 | yuēdìng | 約束する | 水 | shuǐ | 水 |
| 带 | dài | 持つ | 电 | diàn | 電気 |
| 准备 | zhǔnbèi | 準備する | 煤气 | méiqì | ガス |
| 锁门 | suǒmén | ドアをロックする | 门 | mén | ドア |
| 关 | guān | 消す | 地点 | dìdiǎn | 場所 |
| 见面 | jiànmiàn | 会う | 路线 | lùxiàn | 路線 |
| 见人 | jiànrén | 人と会う | **数量詞** | | |
| 确认 | quèrèn | 確認する | 一点儿 | yìdiǎnr | 少し |
| 计划 | jìhuà | 計画する | **副詞** | | |
| 坐车 | zuòchē | 乗り物に乗る | 尽量 | jìnliàng | できるだけ |
| 到达 | dàodá | 着く、到着する | **前置詞** | | |
| 提前 | tíqián | 繰り上げる | 把 | bǎ | ……を |

## 補充語句 补充语句

| 最近 | zuìjìn | このごろ | 最好 | zuìhǎo | 最もよい |
|---|---|---|---|---|---|
| 忘东西 | wàngdōngxi | 物忘れする | 办法 | bànfǎ | 方法 |
| 忘 | wàng | 忘れる | 早睡早起 | zǎoshuìzǎoqǐ | 早寝早起きする |
| 浪费 | làngfèi | 浪費する | 那样 | nàyàng | そうしたら |
| 起晚了 | qǐwǎnle | 寝坊した | 可 | kě | それこそ |
| 慌张 | huāngzhāng | 慌てる | 早睡 | zǎoshuì | 早めに寝る |
| 迟到 | chídào | 遅刻する | 摆弄手机 | bǎinòngshǒujī | 携帯を弄る |
| 别再 | biézài | もう……しないで | 刷手机 | shuāshǒujī | (携帯で) ネットサーフィンする |
| 电车 | diànchē | 電車 | 能做到 | néngzuòdào | できる |
| 赶不上 | gǎnbushàng | ……に遅れる | | | |

## 会話練習 会话练习

| | |
|---|---|
| Wǒzuìjìnjīngchángwàngdàidōngxi<br>1 我最近经常忘带东西。 | Wǒjīngchángwàngguāndiàndēng<br>我经常忘关电灯。 |
| Nàtàilàngfèile<br>2 那太浪费了。 | Yǒushíwǒháiwàngdàidiànhuà<br>有时我还忘带电话。 |
| Shìma Nàkěbùfāngbiànle<br>3 是吗？那可不方便了。 | Qǐwǎnle jiùhuāngzhāng<br>起晚了，就慌张。 |
| Zuìhǎodebànfǎjiùshìzǎoshuìzǎoqǐ<br>4 最好的办法就是早睡早起。 | Duì Yàoshibùbǎinòngshǒujī jiùnéng zǎoshuì<br>对。要是不摆弄手机，就能早睡。 |
| Zǎochényǒushígǎnbushàngdiànchē<br>5 早晨有时赶不上电车。 | Nàyàngjiùhuìchídào<br>那样就会迟到。 |
| Nǐbiézàishuāshǒujīle<br>6 你别再刷手机了。 | Hǎo Nǐnéngzuòdàowǒjiùnéngzuòdào<br>好。你能做到，我就能做到。 |

## 文法ポイント 语法重点

### 1 「把……動詞＋好」

動作の結果を強調し、「ちゃんと～する」「しっかり～する」を表す。

構文 22

把每天的时间安排好。

把要带的东西准备好。

把水、电、煤气都关好。

把门锁好。

把时间和地点约定好。

把坐车的路线计划好。

### 2 方向補語

「動詞＋上／下来」方向補語には、実際の方向を示す用法以外に、抽象的な用法もある。

记下来　　带上

### 3 「動詞＋的＋名詞」

動詞が名詞を修飾することができる。

要做的事（したいこと）　→　把要做的事情记下来。

坐车的路线（乗車する路線）　→　计划好坐车的路线。

要带的东西（持っていく物）　→　别忘了要带的东西。

约定的时间（約束した時間）　→　别忘了约定的时间。

## 練習問題　练习题

一　次の言葉の拼音（音声記号）を（　　　　）に書きなさい。

1 事情（　　　　）　2 计划（　　　　）　3 准备（　　　　）　4 出门儿（　　　　）

5 东西（　　　　）　6 提前（　　　　）　7 见面（　　　　）　8 记下来（　　　　）

9 尽量（　　　　）　10 约定（　　　　）

二　次の言葉を並べ替えて文を完成させなさい。

1 事情　记下来　做　的　把　要　→

2 见面　时间　的　确认　好　把　→

3 好　约定　地点　的　见面　把　→

4 地点　提前　尽量　到达　见面　的　→

三　次の漢字に相当する日本語の漢字を（　　　）に書きなさい。

1 见（　　）2 约（　　）3 准（　　）4 备（　　）5 时间（　　）6 达（　　）

7 门（　　）8 电（　　）9 车（　　）10 带（　　）11 记（　　）12 东（　　）

四　次の「把……」を用いた文を日本語に訳しなさい。

1 把要做的事情记下来。　→

2 把水、电、煤气都关好。　→

3 把电话带上。　→

4 把要带的东西准备好。　→

5 把时间和地点约定好。　→

6 把坐车的路线计划好。　→

## dìbākè wǒzhēnxiànmùwǒdeshìyǒu
## 第八课 我真羡慕我的室友

Wǒzhēnxiànmùwǒdeshì yǒu
我真羡慕我的室友。

Wǒdeshìyǒusuīránbúshìchúshī dànshìgēnchúshīyíyàngzuòcài zuò de hǎo
我的室友虽然不是厨师，但是跟厨师一样做菜做得好。
Bùguǎnshénmeshícái zhǐyàotā zuò jiùnéngzuòchūhǎochīdecài Měi dāng péng
不管什么食材，只要他做，就能做出好吃的菜。每当朋
youláideshíhoudōushìtāzuòcài Dàjiādōukuāzàntādecàiwèidaoquèshí hǎo
友来的时候都是他做菜。大家都夸赞他的菜味道确实好。

Wǒdeshìyǒuchànggēr chàngdeyě hǎo Jíshǐméiyǒubànzòutā chàng deyě
我的室友唱歌儿唱得也好。即使没有伴奏他唱得也
hǎo tīng Bùguǎnshìzhōngguógēr háishiRìběngē r tādōuhuì chàng Tīng
好听。不管是中国歌儿，还是日本歌儿他都会唱。听
shuōtāzuìjìnyòuyàoxuézuòRìběnliàolǐ
说他最近又要学做日本料理。

Wǒzhēnxiǎngxiàngtānàyàngjìhuìzuòcài yòuhuìchànggē r Rúguǒyǒujī
我真想像他那样即会做菜，又会唱歌儿。如果有机
huìwǒdǎsuangēnwǒdeshìyǒuxuézuò cài xuéchànggēr
会我打算跟我的室友学做菜，学唱歌儿。

## 第八課　私はルームメイトが羨ましいです

私はルームメイトが羨ましいです。

私のルームメイトはコックさんではないのですが、コックさん並に料理が上手です。具材が何であろうと、彼が料理すれば美味しい料理になります。友達が来る度にいつも彼が料理をします。みんな彼の料理が実に美味しいと褒めます。

私のルームメイトは歌も上手です。彼は伴奏なしでもとても上手に歌います。中国語の歌でも日本語の歌でも上手に歌うことができます。今度は日本料理の作り方にも挑戦するそうです。

私はルームメイトのように、料理ができて、歌が上手になりたいです。チャンスがあれば、彼に料理の作り方と歌を学ぶつもりです。

## 語句 单词

| 動詞 | | | 助詞 | | |
|---|---|---|---|---|---|
| 羡慕 | xiànmù | 羨ましい | 得 | de | ……と、……に 補語を導く |
| 做菜 | zuòcài | 料理を作る | **前置詞** | | |
| 能 | néng | できる 可能性がある | 跟 | gēn | ……について |
| 做出 | zuòchū | 作り出す | **形容詞** | | |
| 像 | xiàng | ……のように | 一样 | yíyàng | 同じだ |
| 夸赞 | kuāzàn | 褒める | 好 | hǎo | 上手だ |
| 唱歌儿 | chànggēr | 歌を歌う | 好吃 | hǎochī | 美味しい |
| 听说 | tīngshuō | ……だそうだ | 好听 | hǎotīng | 歌が上手い |
| 有机会 | yǒujīhuì | チャンスがある | 确实 | quèshí | 確かだ |
| 学会 | xuéhuì | 学び取る | **副詞** | | |
| 会 | huì | できる | 真 | zhēn | 本当に |
| **名詞** | | | 会 | huì | きっと |
| 室友 | shìyǒu | ルームメイト | 每当 | měidāng | ……の度に |
| 厨师 | chúshī | コック | 都 | dōu | みんな |
| 味道 | wèidao | 味 | **接続表現** | | |
| 伴奏 | bànzòu | 伴奏 | 虽然……但是 | suīrán……dànshì | ……しかし…… |
| 食材 | shícái | 食材 | 即……又 | jì……yòu | ……、また…… |
| 中文歌儿 | Zhōngwén gēr | 中国語の歌 | 只要……就 | zhǐyào……jiù | さえ……なら |
| | | | 即使……也 | jìshǐ……yě | たとえ……も |

## 補充語句 补充语句

| 难听 | nántīng | 聞きづらい | 最 | zuì | 最も |
|---|---|---|---|---|---|

## 会話練習 会话练习

| | |
|---|---|
| Nǐdeshìyǒuzěnmeyàng<br>1 你的室友怎么样？ | Tāzuòcàizuòdehǎochī chànggē r<br>他做菜做得好吃，唱歌儿<br>chàngdeyěhǎo<br>唱得也好。 |
| Nǐhuìzuòcàima<br>2 你会做菜吗？ | Wǒbúhuìzuòcài wǒzuòdebùhǎochī<br>我不会做菜，我做得不好吃。 |
| Nǐxiǎngxuézuòcàima<br>3 你想学做菜吗？ | Shìde Rúguǒyǒujīhuì wǒdǎsuan xué<br>是的。如果有机会，我打算学<br>xízuòcài<br>习做菜。 |
| NǐdeshìyǒuhuìzuòRìběnliàolǐma<br>4 你的室友会做日本料理吗？ | Búhuì TīngshuōtāyàoxuéxíRìběn liào<br>不会。听说他要学习日本料<br>lǐ<br>理。 |
| Nǐzuìxǐhuanchànggēérma<br>5 你最喜欢唱歌儿吗？ | Xǐhuanshìxǐhuan dànshìchàngde<br>喜欢是喜欢，但是唱得<br>nántīng<br>难听。 |

## 文法ポイント 语法重点

### 1　評価表現

「動詞＋名詞＋動詞＋得＋形容詞」

文の前半はある動作を行い、後半はその結果を評価する表現である。

構文 23

我的室友做菜做得好　　直訳：ルームメートは料理を作る、作った料理が美味しい

ルームメートは料理が上手です。

我的室友唱歌儿唱得好　　直訳：ルームメートは歌を歌う、歌うのが上手です。

ルームメートは、歌が上手です。

### 2　可能表現

（1）「会能＋動詞／名詞」

知識、技能などを身に付けた能力を表す。名詞の前にも動詞の前にも使える。

構文 24

我会中文。

我不会开车。

我的室友又会做菜，又会唱歌儿。

（2）「能＋動詞」 能力の程度や状況的に可能であることを表す。名詞の前には使えない。

構文 25

我能用中文写文章。

我能去旅行。

**3　比喩表現**

「像……那样／一样」

構文 26

我的室友像厨师一样，做菜做得好。

我想像室友那样，又会唱歌儿，又会做菜。

**4　接続表現③**

（1）「既……又……。」「……も……も」

我的室友既会唱歌，又会做菜。

（2）「如果……（就）……。」「もし……ならば、……」

如果有机会，我就跟他学习做菜。

（3）「虽然……，但是……。」「……だが、しかし……」

我的室友虽然是中国人，但是他会唱日本歌儿。

（4）「不管……，只要……就……。」「……にせよ……さえ……ならば、……」

不管什么材料，只要他做，就能做出好吃的菜。

（5）「不管……，还是……，都……。」「……にせよ……にせよ、みんな……」

不管是四川菜，还是广东菜，他都会做。

**5　慣用語句②**

（1）「没有……也……」「……がなくても、……」

没有伴奏他唱歌儿也好听。伴奏がなくても上手に歌える。

（2）「……是……，但是／就是……」「A は A だが、しかし……」

喜欢是喜欢，但是唱得难听。 好きなことは好きだが、上手に歌えない。

好吃是好吃，就是太贵了。　 美味しいことは美味しいですが、高いです。

## 練習問題　练习题

一　次の言葉の拼音を（　　　）に書きなさい。

1 唱歌儿（　　　　） 2 做菜（　　　　） 3 听说（　　　　） 4 学会（　　　　）

5 好吃　（　　　　） 6 机会（　　　　） 7 打算（　　　　） 8 羡慕（　　　　）

二　次の言葉を並べ替えて文を完成させなさい。

1 要　学习　听说　做　他　日本料理　又　→

2 伴奏　唱　没有　得　也　好听　他　→

3 我　室友　做　好　做菜　得　的　→

4 我　像　那样　真　室友　想　的　我　→

三　次の文を中国語に訳しなさい。

1 どんな食材でも彼が作れば、美味しい料理になります。

2 私もルームメイトのように料理が上手で、歌も上手になりたい。

3 どんな料理でも美味しく作れます。

4 もしチャンスがあったら、彼に料理を習うつもりです。

四　次の文にある誤りを直しなさい。

1 我能中文，也能英语。

2 我做菜做的好。

3 我想室友那样像。

4 我室友跟学做菜。

5 他做什么好吃。

五　自分のできることを「会」または「能」を用いて作文してみなさい。

1

2

3

4

六　次の言葉の意味を書きなさい。

1 好吃 ________　2 好喝 ________　3 好看 ________　4 好听 ________

dìjiǔkè bìyèhòuwǒxiǎngqùdōngjīnggōngzuò
## 第九课 毕业后我想去东京工作

Wǒmǎshàngjiùyàobìyèle Bìyèhòuwǒxiǎngqù Dōngjīnggōng zuò Dōng
我马上就要毕业了。毕业后我想去东京工作。东
jīng shìwǒxiàngwǎngyǐjiǔdedìfang Dōng jīngbùjǐnrénkǒu duō jīhuìyě duō
京是我向往已久的地方。东京不仅人口多，机会也多，
érqiě gōngzīyě gāo
而且工资也高。

Wǒqiú Dōngjīngdepéngyoubāngzhùwǒzhǎogōng zuò Hòuláiwǒbèiyìjiā mào
我求东京的朋友帮助我找工作。后来我被一家贸
yìgōngsīlùyòngle Wǒyǐjīngqǔdéle Rìyǔyījízīgé Wǒjìnéng dānrèn Rì zhōng
易公司录用了。我已经取得了日语一级资格。我既能担任日中
fānyì yěnéngzuòyíngxiāogōng zuò
翻译，也能做营销工作。

Tīngshuōjǐniánhòuwǒyǒukěnéngbèipàidào Zhōngguógōngzuò Wǒyàonǔlì
听说几年后我有可能被派到中国工作。我要努力
degōng zuò rènzhēndezuòhǎoměiyíjiànshì zhēngqǔdāngyìmínghǎo yuán gōng
地工作，认真地做好每一件事，争取当一名好员工。

Wǒ yǐ wéi fù mǔ huì fǎn duì wǒ qù Dōng jīng gōng zuò Méi xiǎng dào tā men
我以为父母会反对我去东京工作。没想到他们
bú dànbùfǎn duì fǎnérgǔlìwǒjīzǎngōngzuòjīngyànyǐhòuzàihuí guó
不但不反对，反而鼓励我积攒工作经验以后再回国。

## 第九課　卒業後は東京で働くつもりです

私はもうすぐ卒業します。卒業後は東京へ働きに行きたいです。東京は私がずっと憧れていたところです。東京は人口が多いばかりでなくチャンスも多くありますし、それに給料も高いです。

私は東京にいる友達に仕事の世話をしてくれるように頼みました。それである貿易会社に採用されました。私は既に日本語検定１級資格を取得したので、日中の翻訳・通訳ばかりでなく、営業の仕事もできます。

数年後には中国へ派遣される可能性があるそうです。私は一生懸命に働き、どの仕事も真面目にやり、良い社員を目指します。

私は両親が東京へ就職することに反対すると思ったら、思いがけないことに反対するどころか、実務経験を積んだ後に中国に帰ってくるように励ましてくれました。

## 語句 单词

| | | | | | |
|---|---|---|---|---|---|
| **動詞** | | | 回国 | huíguó | 帰国する |
| 毕业 | bìyè | 卒業する | 没想到 | méixiǎngdào | 思いがけないことに |
| 想 | xiǎng | 思う | **名詞** | | |
| 向往 | xiàngwǎng | 憧れる | 人口 | rénkǒu | 人口 |
| 计划 | jìhuà | 計画する | 机会 | jīhuì | チャンス |
| 求 | qiú | 頼む | 工资 | gōngzī | 給料 |
| 帮助 | bāngzhù | 助ける | 贸易 | màoyì | 貿易 |
| 找 | zhǎo | 探す | 资格 | zīgé | 資格 |
| 录用 | lùyòng | 採用する | 翻译 | fānyì | 通訳、翻訳 |
| 取得 | qǔdé | 取得する | 员工 | yuángōng | 社員 |
| 担任 | dānrèn | 担当する | 经验 | jīngyàn | 経験 |
| 营销 | yíngxiāo | 営業する | 事 | shì | こと |
| 派 | pài | 派遣する | **助数詞** | | |
| 争取 | zhēngqǔ | 目指す | 一件 | yíjiàn | 一件 |
| 以为 | yǐwèi | ……と思ったら | 一家 | yìjiā | 一軒 |
| 当 | dāng | ……になる | 一名 | yìmíng | 1名 |
| 反对 | fǎnduì | 反対する | **前置詞** | | |
| 鼓励 | gǔlì | 励ます | 被 | bèi | される |
| 积攒 | jīzǎn | 貯める | | | |

## 補充語句 补充语句

| | | | | | |
|---|---|---|---|---|---|
| 希望 | xīwàng | 願う | 这次 | zhècì | この度、今回 |
| 找到 | zhǎodào | 見つける | 珍惜 | zhēnxī | 大切にする |

## 会話練習 会话练习

| | |
|---|---|
| Bìyèyǐhòunǐdǎsuanqùnǎr gōngzuò<br>1 毕业以后你打算去哪儿工作？ | Wǒxiǎngqù Dōngjīnggōngzuò<br>我想去东京工作。 |
| Nǐzhǎodàogōngzuòlema<br>2 你找到工作了吗？ | Wǒzhǎodàogōngzuòle<br>我找到工作了。 |
| Nǐshìzěnmezhǎodàogōngzuòde<br>3 你是怎么找到工作的？ | Shìyígepéngyougěiwǒjièshàode<br>是一个朋友给我介绍的。 |
| Nǐzuòshénmegōngzuò<br>4 你做什么工作？ | Wǒdānrènfānyìhéyíngxiāo<br>我担任翻译和营销。 |
| Nǐdefùmǔfǎnduìnǐqù Dōngjīnggōng zuòma<br>5 你的父母反对你去东京工作吗？ | Tāmenbúdànbúfǎnduì fǎnérgǔlìwǒqù Dōngjīnggōngzuò<br>他们不但不反对，反而鼓励我去东京工作。 |
| Nàtàihǎole xīwàngnǐnǔlìgōngzuò<br>6 那太好了，希望你努力工作。 | Xièxie Wǒhuìzhēnxīzhècìjīhuìde<br>谢谢！我会珍惜这次机会的。 |

## 文法ポイント 语法重点

### 1 動詞の語順

構文 27

我想去东京工作。

我打算去东京工作几年。

我期待着去东京工作。

他们鼓励我去东京工作。

### 2 形容詞の副詞用法②

「形容詞＋地」は動作を行う状態を表す。「形容詞＋に」に当たる。

構文 28

认真地做好每一件事。　　どのようなことも真面目にする。

我的朋友热情地帮助我。　　私の友達が親切に助けてくれる。

### 3 受け身表現

「動作の受け手＋被＋動作主」「Bは（Aに）……された」

構文 29

| | |
|---|---|
| 我被一家贸易公司采用了。 | 私はある貿易会社に採用された。 |
| 我可能被派到中国工作。 | 私は多分中国へ派遣されるでしょう。 |

**4　接続表現④**

（1）不仅………，而且……也……　「……ばかりでなく、そのうえ……」

東京人口多，机会也多，而且工资也高。

（2）不但不……，反而……　「……しないばかりか、かえって……」

父母不但不反对，反而鼓励努力工作。

**5　「会……的」**

動詞のフレーズ挟んで、語気を強めることができる。

構文 30

我会珍惜这次机会的。

我会努力工作的。

**6　兼語文**

「主語＋動詞＋目的語（主語）＋動詞」

ある名詞が前の動詞の目的語でありながら、後の動詞の主語も兼ねている。このような語を含む文を兼語文という。次の文にある「我」は「鼓励」の目的語であると同時に「去工作」の主語も兼ねている。

構文 31

父母鼓励我去东京工作。

父母不反对我去东京工作。

**練習問題　练习题**

一　次の言葉の意味を（　　　　）に書きなさい。

| | | |
|---|---|---|
| 1 热情（　　　　） | 2 帮助（　　　　） | 3 营销（　　　　） |
| 4 毕业（　　　　） | 5 打算（　　　　） | 6 积攒（　　　　） |
| 7 发挥（　　　　） | 8 担任（　　　　） | 9 向往（　　　　） |
| 10 反对（　　　　） | 11 珍惜（　　　　） | 12 然后（　　　　） |

二　次の言葉を並べ替えて文を完成させなさい。

1　去　想　工作　东京　我　以后　毕业　→
2　朋友　介绍　给　工作　是　的　我　的　→
3　我　鼓励　父母　东京　去　工作　→
4　我　的　计划　父母　把　告诉　我　了　→
5　东京　去　日子　期待　我　的　着　→

三　次の文を中国語に訳しなさい。

1　両親は私が東京へ行くことを反対どころか、かえって頑張るように励ましてくれました。

2　私は通訳と営業を担当するつもりです。

3　私の仕事は友達が紹介してくれました。

4　私は必ずこのチャンスを大切にします。

5　私はよい社員を目指して頑張りたいです。

四「被」を用いて次の文を受け身文に直しなさい。

1　公司录用我了。
2　公司派我到国外工作。
3　老师表扬我了。
4　朋友夸赞我的室友了。

五　次の言葉を用いて作文しなさい。

1　不仅……　而且……
→
2　不但不……　反而……
→
3　……以后再……
→

dìshíkè yuèláiyuèmáng
# 第十课　越来越忙

Zuìjìnyàozuòdeshìqingyuèláiyuè duō
最近要做的事情越来越多。

Bìyèzhī qián wǒyàoxiěbìyèlùn wén Wǒděigēnlǎoshīshāngliang lùnwéntí mùhénèi róng Yàoànzhàolǎoshīdeyāoqiú xiě Bùnéngxiǎngxiěshén me jiù xiě shénme Duìwǒláishuōliányòng Hànyǔxiěbìyèlùnwéndōuhěn nán gèng hé kuàng yòngRìyǔxiějiùgèngnánle
毕业之前，我要写毕业论文。我得跟老师商量论文题目和内容。要按照老师的要求写。不能想写什么，就写什么。对我来说连用汉语写毕业论文都很难，更何况用日语写就更难了。

Xiě bì yè lùn wén de tóng shí wǒ hái děi zhǔn bèi wǎng Dōng jīng bān jiā de shì qing wǒxiānyàoshōushi zhěnglǐ bāozhuāngdōngxi Háiyàoyùyuē bān jiāgōngsī Lìngwàiháixūyàoyìzhōuyǐnèibànlǐzhùzhǐbiàn gēng
写毕业论文的同时，我还得准备往东京搬家的事情，我先要收拾，整理，包装东西，还要预约搬家公司。另外还需要一周以内办理住址变更。

Yòushìlùn wén yòushìbānjiā yòushìzhùzhǐbiàn gēng zhēnshìyuèláiyuè mángle
又是论文，又是搬家，又是住址变更，真是越来越忙了。

# 第十課　ますます忙しくなります

この時期やることがますます多くなってきます。

卒業する前に、論文を書かなければなりません。先生と論文の題目と内容について相談しなければなりません。先生の指示に従って書かなければならず、書きたいように書くのはいけません。私にとって、中国語で書くことさえ難しいのに、まして日本語で書くなんてなおさら難しいです。

卒業論文を書くのと同時に、東京への引越しすることの準備もあります。まず、物の片付け、整理、梱包をします。それから引越しセンターへの予約をしなければなりません。他に住所変更の手続を一週間以内にしないといけません。

論文だったり、引越しだったり、住所変更だったり、ますます忙しくなります。

## 語句 单词

| | | |
|---|---|---|
| **動詞** | | |
| 写 | xiě | 書く |
| 商量 | shāngliang | 相談する |
| 用 | yòng | 用いる |
| 收拾 | shōushi | 片づける |
| 整理 | zhěnglǐ | 整理する |
| 包装 | bāozhuāng | 梱包する |
| 搬家 | bānjiā | 引越しする |
| 预约 | yùyuē | 予約する |
| 需要 | xūyào | 必要とする |
| 办理 | bànlǐ | 手続をする |
| **名詞** | | |
| 之前 | zhīqián | ……の前 |
| 论文 | lùnwén | 論文 |
| 要求 | yāoqiú | 要求 |
| 搬家公司 | bānjiāgōngsī | 引越しセンター |
| 住址 | zhùzhǐ | 住所 |
| 以内 | yǐnèi | 以内 |
| **前置詞** | | |
| 往 | wǎng | ……へ |
| 先 | xiān | 先に |
| **副詞** | | |
| 真是 | zhēnshì | 本当に |
| 越来越 | yùliáyuè | ますます…… |
| 另外 | lìngwài | そのほかに |
| **形容詞** | | |
| 忙 | máng | 忙しい |
| 难 | nán | 難しい |
| **接続表現** | | |
| 连 | lián | ……でさえ |
| 更何况 | gènghékuàng | まして…… |
| 又是……又是… | yòushì……<br>yòushì…… | だったり……<br>だったり…… |
| 对……来说 | duì……<br>láishuō | ……にとって |

## 補充語句 补充语句

| | | | | | |
|---|---|---|---|---|---|
| 呢 | ne | ……しているところ | 吧 | ba | ……でしょう、……しましょう |
| 当然 | dāngrán | 当然 | 就是说 | jiùshìshuō | すなわち |
| 任意 | rènyì | 勝手だ | 看起来 | kànqilai | その様子では |
| 简单 | jiǎndān | 簡単だ | 规定 | guīdìng | 規定 |
| 对呀 | duìya | そうです | 快一点儿 | kuàiyìdiǎnr | 少し早く |
| 以外 | yǐwài | 以外 | 不行 | bùxíng | だめだ |
| 未来 | wèilái | 未来 | 麻烦 | máfan | 面倒だ |
| 只 | zhǐ | ただ……だけ | 盼望 | pànwàng | 待ち望む |

## 会話練習 会话练习

| | |
|---|---|
| Nǐzuìjìnzuòshénmene<br>1 你最近做什么呢？ | Wǒxiěbìyèlùnwénne<br>我写毕业论文呢。 |
| Xiělùnwénhěnnánba<br>2 写论文很难吧？ | Dāngránnán Bùnéngrènyìxiě<br>当然难。不能任意写。 |
| Jiùshìshuōyàoànzhàolǎoshīdeyāoqiúxiě<br>3 就是说要按照老师的要求写。 | Duìya Bùnéngxiǎngxiěshénme jiùxiěshénme<br>对呀。不能想写什么，就写什么。 |
| Xiěduōshaodōuxíngma<br>4 写多少都行吗？ | Bùxíng Dōushìyǒuguīdìngde<br>不行。都是有规定的。 |
| Kànláibùjiǎndān ā<br>5 看来不简单啊。 | Lùnwényǐwàiháiyǒubānjiādeshìqing Hěnmáfan<br>论文以外还有搬家的事情。很麻烦。 |
| Wèilezìjǐdewèiláinǔlìba<br>6 为了自己的未来努力吧。 | Zhīpànwàngzǎoyìdiǎnr bìyène<br>只盼望早一点儿毕业呢。 |

## 文法ポイント 语法重点

### 1 接続表現⑤

（1）「连……都……更何况……」 「……でさえ……、ましで……」

连用汉语写都难，更何况用日语写更难了。 中国語で書くのでさえ難しい、まして日本語で書くなんてなおさら難しい。

（2）「对……来说……」はある対象を中心にとらえ議論するのに使う。「……にとって……」に当たる。

構文 32

对我来说用日语写论文非常难。

对日本人来说汉字很简单。

对我的室友来说做饭很简单。

### 2 慣用語句③

（1）「想＋動詞＋什么，就＋動詞＋什么」は「したいように……する」にあたる。

構文 33

想写什么，就写什么。 書きたいことを書く。

想吃什么，就吃什么。 食べたいものを食べる。

想去哪儿，就去哪儿。 行きたいところへ行く。

想买多少就买多少。 買いたいだけ買う

（2）「又是……，又是……」は、項目が多いことを強調するときに使う。「……だったり……だったり /……したり……したりする」に当たる。

構文 34

又是写论文，又是就职活动，我真是太忙了。 論文を書いたり、就職活動したりで、本当に忙しい。

又是打工，又是学习，每天很充实。 アルバイトしたり、勉強したりして、毎日充実しています。

### 3 「要」と「得」

（1）「要＋動詞」は話し言葉にも、書き言葉にも使う。

要按照老师的要求写

（2）「得＋動詞」「……しなければならない」は主に話し言葉に使う。

我还得准备往东京搬家的事。

## 練習問題　练习题

一　次の言葉の意味を（　　　　）に書きなさい。

1 事先（　　　　　　）　2 有关（　　　　　　）　3 注意（　　　　　　）
4 收集（　　　　　　）　5 错过（　　　　　　）　6 应试（　　　　　　）
7 就职（　　　　　　）　8 活动（　　　　　　）　9 各种（　　　　　　）
10 情况（　　　　　　）　11 事情（　　　　　　）　12 了解（　　　　　　）

二　次の言葉を並べ替えて文を完成させなさい。

1 毕业　论文　的　要　商量　我　事情　老师　和
→
2 的　事情　准备　得　我　就职　东京　去
→
3 日期　错过　面试　注意　要　别　的
→
4 了解　事先　公司　情况　的　要
→
5 最近　越来越　我　做　要　的　事情　多
→
6 要求　论文　按照　写　老师　要　的
→

三　与えた言葉を用いて作文しなさい。

1 连……都……，何况……　→

2 ……以外，还得……　→

3 想……，　就……　→

四　次の文を日本語に訳しなさい。

1 我要认真地工作，争取做一个好员工。

2 虽然找工作很麻烦，但是也要认真地去找。

3 我盼望暑假快一点儿到来。

4 又是打工，又是学习，真是太忙了。

# 単語・語句表

A

……来着 láizhe　……ていた
安排 ānpái　スケジュールを組む
按时 ànshí　時間通りに
按照 ànzhào　従う

B

八 bā　八
巴西人 Bāxīrén　ブラジル人
把……bǎ　を
摆弄 bǎinòng　弄る
吧 ba　……でしょう、……しよう
半年 bànnián　半年
半天 bàntiān　半日
伴奏 bànzòu　伴奏
帮助 bāngzhù　助ける
比 bǐ　比べる、……より
毕业 bìyè　卒業する
便宜 piányi　安い
不但不……反而……búdànbù……，fǎnér……　しないばかりか、かえって……
不管 bùguǎn　……にせよ
不仅……，而且……bùjǐn……，ěrqiě……　……ばかりでなく、その上……
不巧 bùqiǎo　あいにく
不行 bùxíng　だめだ
不用 búyòng　……しなくていい
不着急 bùzháojí　急がない

C

唱歌儿 chànggēr　歌を歌う
超市 chāoshì　スーパー
仓敷市 Cāngfūshì　倉敷市
吃 chī　食べる
吃药 chīyào　薬を飲む
迟到 chídào　遅れる
充实 chōngshí　充実している
出门 chūmén　出かける
初中 chūzhōng　中学校
穿 chuān　着る

D

打电话 dǎdiànhuà　電話をかける
打工 dǎgōng　アルバイトをする
打算 dǎsuan　……するつもり
打针 dǎzhēn　注射をする
大城市 dàchéngshì　大都市
大夫 dàifu　病院の先生
带 dài　持って行く
担任 dānrèn　担当する
单词 dāncí　語句
当 dāng　……になる
当然 dāngrán　当然
当时 dāngshí　その時
导航 dǎoháng　（ナビで）道案内する
到达 dàodá　着く、到着する
得 de　補語を導く
得 děi　……しなければならない
德国人 Déguórén　ドイツ人
德语 Déyǔ　ドイツ語
地点 dìdiǎn　場所
弟弟 dìdi　弟
电灯 diàndēng　電気
电话 diànhuà　電話
东京 Dōngjīng　東京
东西 dōngxi　物
读书 dúshū　勉強する
度过 dùduò　過ごす
短信 duǎnxìn　ショートメール
对 duì　正しい
对……duì……　に対して
对……duì……　……に向かって
对……来说 duì……láishuō…　……にとって
对了 duìle　気づきを表す
对呀 duìya　そうです
多 duō　多い
多少钱 duōshaoqián　いくら
多少人 duōshaorén　どれぐらいの人数
多少天 duōshaotiān　何日間
多长时间 duōchángshíjiān　どれぐらいの時間

### E

| | |
|---|---|
| 而 ér | 且つ |
| 二 èr | 二 |
| 二十万日元 èrshíwànRìyuán | 20万円 |
| 二手车 èrshǒuchē | 中古車 |

### F

| | |
|---|---|
| 发短信 fāduǎnxìn | ショートメールを送る |
| 发烧 fāshāo | 熱が出る |
| 法语 Fǎyǔ | フランス語 |
| 翻译 fānyì | 通訳、翻訳 |
| 繁华 fánhuá | 賑やかだ |
| 反对 fǎnduì | 反対する |
| 方便 fāngbiàn | 便利だ |
| 房费 fángfèi | 家賃 |
| 放春假 fàngchūnjià | 春休みになる |
| 放寒假 fànghánjià | 冬休みになる |
| 放假 fàngjià | 休みになる |
| 放暑假 fàngshǔjià | 夏休みになる |
| 非常 fēicháng | 非常に |
| 父母 fùmǔ | 両親 |
| 负担 fùdān | 負担 |

### G

| | |
|---|---|
| 感冒 gǎnmào | 風邪を引く |
| 赶不上 gǎnbushàng | 間に合わない |
| 高 gāo | 高い |
| 高兴 gāoxìng | 嬉しい |
| 高中 gāozhōng | 高校 |
| 告诉 gàosu | 言う、教える |
| 给 gěi | くれる、あげる |
| 给 gěi | ……に |
| 跟 gēn | ……と、……について |
| 更何况 gènghékuàng | まして…… |
| 工资 gōngzī | 給料 |
| 公司 gōngsī | 会社 |
| 鼓励 gǔlì | 励ます |
| 关 guān | 消す |
| 规定 guīdìng | 規定 |
| 贵 guì | （値段が）高い |
| 过 guo | ……したことがある |
| 过 guò | 経つ |

### H

| | |
|---|---|
| 咳嗽 késou | 咳が出る |
| 还 hái | また |
| 还是 háishi | それとも |
| 汉语 Hànyǔ | 中国語 |
| 好 hǎo | よい |
| 好 hǎo | 上手だ |
| 好吃 hǎochī | 美味しい |
| 好好 hǎohǎo | しっかり……する |
| 好听 hǎotīng | （歌が）上手い |
| 号码 hàomǎ | 番号 |
| 喝 hē | 飲む |
| 和 hé | ……と |
| 和服 héfú | 和服、着物 |
| 很 hěn | とても |
| 很久 hěnjiǔ | 長い間 |
| 横滨 Héngbīn | 横浜 |
| 后 hòu | ……の後 |
| 后来 hòulái | そのあと |
| 后年 hòunián | 再来年 |
| 护士 hùshi | 看護士 |
| 花 huā | （お金を）使う |
| 慌张 huāngzhāng | 慌てる |
| 回电话 huídiànhuà | 折り返し電話をする |
| 回国 huíguó | 帰国する |
| 会 huì | できる |
| 会 huì | きっと |
| 活动 huódòng | 活動する |

### J

| | |
|---|---|
| 积攒 jīzǎn | 積む |
| 即……也……jì……yě…… | も、また……も |
| 几点 jǐdiǎn | 何時 |
| 几个月 jǐgeyuè | 何ヶ月 |
| 计划 jìhuà | 計画する |
| 机会 jīhuì | チャンス |
| 记下来 jìxialai | メモをする |
| 减轻 jiǎnqīng | 軽減する |
| 简单 jiǎndān | 簡単だ |
| 见 jiàn | 見る、会う |
| 见面 jiànmiàn | 会う |
| 叫 jiào | ……という |
| 接电话 jiēdiànhuà | 電話に出る |
| 节假日 jiéjiàrì | 祝日、祭日、休日 |
| 结束 jièshù | 終わる |

姐姐 jiějie　姉
介绍 jièshào　紹介する
今年 jīnnián　今年
尽量 jìnliàng　できるだけ
京都 Jīngdū　京都
经常 jīngcháng　よく、常に
经历 jīnglì　経験する
经验 jīngyàn　経験
九 jiǔ　九
就是说 jiùshìshuō　すなわち
就职 jiùzhí　就職する
决定 juédìng　決める

## K

开车 kāichē　車を運転する
开会 kāihuì　会議を開く
开药 kāiyào　処方箋を出す
看 kàn　見る
看病 kànbìng　診察を受ける
看来 kànlái　その様子では

## L

来电话 láidiànhuà　電話が掛かってくる
浪费 làngfèi　浪費する
老师 lǎoshī　先生
了 le　……した、……になった
了解 liáojiě　理解する、調査する
连 lián　……でさえ
连休 liánxiū　連休
联系 liánxì　連絡をする
两份工 liǎngfèngōng　二か所のアルバイト
两个月 liǎnggeyuè　二ヶ月
两年前 liǎngniánqián　二年前
量体温 liángtǐwēn　体温を測る
量血压 liángxuèyā　血圧を測る
留言 liúyán　メッセージを残す
六 liù　六
路线 lùxiàn　路線
论文 lùnwén　論文

## M

麻烦 máfan　面倒だ
买 mǎi　買う
忙 máng　忙しい
贸易 màoyì　貿易
没 méi　……しなかった、……していない
没有 méiyǒu　ない
没有钱 méiyǒuqián　お金がない
煤气 méiqì　ガス
美术 měishù　美術
每天 měitiān　毎日
每周 měizhōu　毎週
美国人 Měiguórén　アメリカ人
妹妹 mèimei　妹
门 mén　ドア
面包 miànbāo　パン
面试 miànshì　面接する
名古屋 Mínggǔwū　名古屋
明年 míngnián　来年

## N

哪儿 nǎr　どこ
哪国 nǎguó　どの国
哪国人 nǎguórén　どの国の人
那时 nàshí　その時
奈良 Nàiliáng　奈良
难 nán　難しい
难听 nántīng　聞きづらい
呢 ne　……しているところ
内容 nèiróng　内容
能 néng　できる
能力 nénglì　能力
能做到 néngzuòdào　約束できる、やり遂げられる
牛奶 niúnǎi　牛乳
努力 nǔlì　努力する、一生懸命だ

## P

爬山 páshān　山登り
盼望 pànwàng　待ち望む
朋友 péngyou　友達
七 qī　七

## Q

骑自行车 qízìxíngchē　自転車に乗る
起床 qǐchuáng　起きる
前两天 qiánliǎngtiān　先日
钱 qián　お金
亲切 qīnqiè　親切だ
情况 qíngkuàng　状況
取得 qǔdé　取得する

去 qù 行く
去年 qùnián 昨年
确认 quèrèn 確認する

## R

然后 ránhòu それから
让 ràng ……させる
热情 rèqíng 親切だ
人口 rénkǒu 人口
认为 rènwéi ……と思う
任意 rènyì 勝手だ
扔垃圾 rēnglājī ゴミを捨てる
日本料理 Rìběnliàolǐ 日本料理
日本人 Rìběnrén 日本人
日期 rìqī 日時
日子 rìzi 日
如果 rúguǒ もし……ならば

## S

三 sān 三
三个月 sāngeyuè 三ヶ月
三十万日元 sānshíwànRìyuán 30万円
商量 shāngliang 相談する
上学 shànxué 学校へ行く
什么 shénme 何
什么名字 shémemíngzi なんという名前
什么时候 shénmeshíhou いつ、どんな時
生活 shēnghuó 生活
十 shí 十
时候 shíhou 時
时间 shíjiān 時間
食材 shícái 食材
市政府 shìzhèngfǔ 市役所
事 shì こと
事情 shìqing 事
事先 shìxiān 事前に
是 shì ……です
室友 shìyǒu ルームメイト
手机 shǒujī 携帯電話
刷牙 shuāyá 歯を磨く
刷手机 shuāshǒujī （携帯で）ネットサーフィンをする
水 shuǐ 水、水道
说 shuō 言う
四 sì 四
虽然……但是……suírán……，dànshì…… ……だが、しかし……
锁门 suǒmén ドアをロックする

## T

太好了 tàihǎole それはよかった
提前 tíqián 事前に
题目 tímù 題目
体验 tǐyàn 体験する
听说 tīngshuō 聞くところによると
听音乐 tīngyīnyuè 音楽を聴く
同学们 tóngxuémen 学生の皆さん

## W

完全 wánquán すっかり、全部
为 wèi…… ……のために
为了 wèile…… ……のために
未来 wèilái 未来
五 wǔ 五

## X

西班牙语 Xībānyáyǔ スペイン語
希望 xīwàng 希望する
习惯 xíguàn 慣れる
洗脸 xǐliǎn 顔を洗う
洗衣服 xǐyīfu 洗濯する
洗澡 xǐzǎo シャワーをする、入浴するる
喜欢 xǐhuan 好きだ
羡慕 xiànmù 羨ましい
想 xiǎng 思う、……したい
像 xiàng…… ……のように
像……一样 xiàng……yíyàng ……と同じ
小学 xiǎoxué 小学校
新 xīn 新しい
新车 xīnchē 新車
学费 xuéfèi 学費
学会 xuéhuì 学び取る

## Y

要 yào ……しようとする
要 yào ……しなければならない
要求 yāoqiú 要求する
一 yī 一
一边…，一边……yìbiān……，yìbiān…… ……しながら……する

| | |
|---|---|
| 一点儿 yìdiǎnr | 少し |
| 一个 yíge | 一つ |
| 一个月 yīgeyuè | 一ヶ月 |
| 一年 yìnián | 一年 |
| 一台 yìtái | 一台 |
| 一天 yìtiān | 一日 |
| 一样 yíyàng | 同じ |
| 已经 yǐjīng | すでに |
| 以后 yǐhòu | これから |
| 已 yǐ | すでに |
| 久 jiǔ | 長い |
| 以外 yǐwài | 以外 |
| 以为……yǐwéi…… | ……と思ったら |
| 因为……所以…………yīnwèi……，suǒyǐ…… | ……なので、…… |
| 印度人 Yìndùrén | インド人 |
| 英国人 Yīngguórén | イギリス人 |
| 英语 Yīngyǔ | 英語 |
| 樱花 yīnghuā | 桜 |
| 营销 yíngxiāo | 営業する |
| 用 yòng | ……で |
| 用 yòng | 用いる |
| 邮政局 yóuzhèngjú | 郵便局 |
| 游览 yóulǎn | 観光する |
| 有关 yǒuguān | ……に関して |
| 有机会 yǒujīhuì | チャンスがある |
| 有时 yǒushí | 時々、時には |
| 有事 yǒushì | 用事がある |
| 有收获 yǒushōuhuò | 収穫がある |
| 又……又……yòu……yòu……… | ……であり……である |
| 又是……又是……yòushì……yòushì…… | ……だったり……だったり |
| 幼儿园 yòuéryuán | 幼稚園 |
| 于是 yúshì | そして |
| 愉快 yúkuài | 楽しい |
| 员工 yuángōng | 社員 |
| 约定 yuēdìng | 約束する |
| 越来越 yuèláiyuè | ますます…… |
| 运动 yùndòng | スポーツ |

## Z

| | |
|---|---|
| 再 zài | また、再び |
| 再 zài | ……てから |
| 在 zài | ある |
| 在 zài | ……で |
| 住在 zhùzài | ……に住む |
| 早晨 zǎochen | 朝 |
| 早点儿 zǎodiǎnr | 早めに |
| 早饭 zǎofàn | 朝食 |
| 早睡早起 zǎoshuìzǎoqǐ | 早寝早起きする |
| 怎么 zěnme | どのように、どうやって |
| 怎么了 zěnmele | どうしたのですか |
| 怎么样 zhěnmeyàng | どうですか |
| 怎么样了 zěnmeyàngle | どうなりましたか |
| 找 zhǎo | 探す |
| 找到 zhǎodào | 見つかる |
| 这里的 zhèlide | ここの |
| 着 zhe | 動作の持続を表す |
| 着 zhe | ……ている |
| 着急 zháojí | 急ぐ |
| 珍惜 zhēnxī | 大切にする |
| 真 zhēn | ほんとうに |
| 真是 zhēnshì | 実に |
| 争取 zhēngqǔ | 目指す |
| 挣钱 zhèngqián | お金を稼ぐ |
| 正在 zhèngzài | ちょうど……しているところ |
| 正宗 zhèngzōng | 本場の |
| 之前 zhīqián | ……の前 |
| 支付 zhīfù | 支払う |
| 只 zhǐ | ただ……だけ |
| 只要 zhǐyào……就 jiù…… | ……さえ……ならば |
| 中文歌儿 Zhōngwén gēr | 中国語の歌 |
| 周二 zhōuèr | 火曜日 |
| 周六 zhōuliù | 土曜日 |
| 周日 zhōurì | 日曜日 |
| 周三 zhōusān | 水曜日 |
| 周四 zhōusì | 木曜日 |
| 周五 zhōuwǔ | 金曜日 |
| 周一 zhōuyī | 月曜日 |
| 嘱咐 zhǔfù | 言い聞かせる |
| 准备 zhǔnbèi | 準備する |
| 资格 zīgé | 資格 |
| 资料 zīliào | 資料 |

自己 zìjǐ　自分
自我 zìwǒ　自己
总是 zǒngshì　いつも
走 zǒu　歩く
最后 zuìhòu　最後
最近 zuìjìn　近頃
坐车 zuòchē　乗り物に乗る
做 zuò　する、やる
做菜 zuòcài　料理を作る
做出 zuòchū　作り出す
做饭 zuòfàn　ご飯を作る

# 練習問題解答

**第一課　練習問題　练习题　解答**

一　次の言葉の拼音（音声記号）を（　　　　）に書き、その意味を矢印の後に書きなさい。

1　朋友　（ péngyou ）→　友達
2　工作　（ gōngzuò ）→　仕事
3　公司　（ gōngsī ）→　会社
4　爬山　（ páshān ）→　登山
5　滑雪　（ huáxuě ）→　スキー
6　旅行　（ lǚxíng ）→　旅行
7　喜欢　（ xǐhuan ）→　好きだ
8　打篮球（ dǎlánqiú ）→　バスケットボールをする

二　次の言葉を並べ替えて文を完成させなさい。

1　名字　叫　什么　你　→　你叫什么名字？
2　你　哪国人　是　→　你是哪国人？
3　什么　做　你　工作　→　你做什么工作？
4　来　你　哪里　从　→　你从哪里来？
5　你　口　家　几　有　人　→　你家有几口人？

三　次の漢字に相当する日本語の漢字を（　　　）に書きなさい。

1 欢（歓　）2 爱（愛　）3 银（銀　）4 职员（職員　）5 读书（読書　）6 运动（運動　）

四　補充単語を用いて次の文を中国語に訳しなさい。

1　私はアメリカ人です。　→　我是美国人。
2　姉はスーパーで働いています。　→　我姐姐在超市工作。
3　妹は高校で勉強しています。　→　我妹妹在高中念书。
4　兄の趣味はバスケットボールをすることです。　→　哥哥的爱好是打篮球。
5　私には二人の姉がいます。　→　我有两个姐姐。

**第二課　練習問題　练习题　解答**

一　次の言葉の拼音（音声記号）を（　　　　）に書きなさい。

1　走着（zǒuzhe　）2　洗衣服　（xǐyīfu　）3　扔垃圾　（rēnglājī　）
4　刷牙（shuāyá　）5　喝牛奶　（hēniúnǎi ）6　听音乐　（tīngyīnyuè ）
7　着急（zháojí　）8　有时　（yǒushí　）9　骑自行车（qízìxíngchē ）

二　次の言葉を並べ替えて文を完成させなさい。

1　骑　我　有时　上学　自行车　→　我有时骑自行车上学。
2　刷牙　起床　我　后　→　起床后我刷牙。
3　上学　着急　不　时候　走着　我　的　→　不着急的时候我走着上学。

三　次の例に倣って動詞のフレーズを作りなさい。

例　洗→洗衣服

1 洗 → 洗脸　2 吃 → 吃早饭　3 扔 → 扔垃圾　4 看 → 看电视

5 骑 → 骑自行车　6 刷 → 刷牙　7 喝 → 喝牛奶　8 做 → 做早饭

四　補充語句を用いて次の文を日本語に訳しなさい。

1 我有时一边听音乐，一边吃早饭。

→時々音楽を聴きながら朝ご飯を食べる。

2 早饭后我经常走着上学。

→朝食後よく歩いて学校へ行く。

3 着急的时候我骑自行车上学。

→急ぐときに自転車で学校へ行く。

4 不着急的时候我走着上学。

→急がない時に歩いて学校へ行く。

5 每周的周二和周五扔垃圾。

→毎週火曜日と金曜日にゴミを捨てる。

五　次の文を中国語に訳しなさい。

1 自転車に乗って学校へ行きます。

→骑自行车上学。

2 家から学校まで近いので、歩いて学校へ行きます。

→因为从家到学校很近，所以我走着上学。

3 ご飯を食べながら、テレビを見ます。

→一边吃饭，一边看电视。

4 急がない時に歩いて学校へ行きます。

→不着急的时候我走着上学。

**第三課　練習問題　练习题　解答**

一　次の言葉の意味に当てはまる日本語を（　　）に書きなさい。

1 结束（团結）　2 支付（支払う）　3 开车（車を運転する）

4 充实（充実している）　5 减轻（軽減する）　6 度过（過ごす）

二　次の言葉を並べ替えて文を完成させなさい。

1 打工　买　一台　的　钱　二手车　用　车　我　了

→我用打工的钱买了一台二手车。

2 充实　度过　愉快　暑假　了　一个　我　而　的

→我度过了一个充实而愉快的暑假。

3 房费　了　支付　我　两个　月　的　自己

→我自己支付了两个月的房费。

4 二手车　新车　贵　比

→新车比二手车贵。

三　次の文を中国語に訳しなさい。

1　私は車を買うのに 20 万円使いました。

→ 我买车花了 20 万日元。

2　新車が高いので、中古の車を買いました。

→ 因为新车贵，所以我买了二手车。

3　両親の負担を減らすために夏休みにアルバイトをしました。

→ 我为了减轻父母的负担，暑假打工了。

4　自分で運転して京都と横浜へ行ってきました。

→ 我自己开车去了京都和横滨。

**第四課　練習問題　练习题　解答**

一　次の言葉の拼音を（　　）に書きなさい。

1　这里的（zhèlide ）　2　为了（wèile ）　3　非常（fēicháng ）　4　生活（shēnghuó）
5　同学们（tóngxuémen）　6　正宗（zhèngzōng）　7　决定（juédìng ）　8　习惯（xíguàn）

二　次の言葉を並べ替えて文を完成させなさい。

1　日本　留学　决定　是　自己　我　的　来

→ 来日本留学是我自己决定的。

2　亲切　这里　的　老师　我　对　很　和　同学

→ 这里的老师和同学对我很亲切。

3　习惯　生活　日本　我　了　在　的　现在

→ 现在我已经习惯了在日本的生活。

4　留学　有收获　我　生活　的　非常

→ 我的留学生活非常有收获。

5　正宗　吃　日本料理　过　的　我

→ 我吃过正宗的日本料理。

三　次の漢字に相当する日本語の漢字を（　　）に書きなさい。

1　决定（決定 ）　2　亲切（親切）　3　体验（体験 ）　4　樱花（桜花 ）
5　为　（為 ）　6　收获（収穫）　7　老师（先生 ）　8　经历（経験 ）

四　補充語句を用いて文を次の文を中国語に訳しなさい。

1　日本の生活を体験するために日本に来ました。　→　我是为了体验日本的生活来日本的。
2　私の学費は両親が払ってくれました。　→　我的学费是父母给我支付的。
3　私はもう日本での生活に慣れました。　→　我已经习惯了在日本的生活。
4　私は今までしたことのない経験をしました。　→　我经历了以前没有经历过的事情。

**第五課　練習問題　练习题　解答**

一　次の例に倣って与えた言葉を用いて文を完成させなさい。

洗澡　洗衣服　听音乐　开车　看电视

例　我正在（ 洗澡 ）的时候来电话了。

1　我正在　(洗衣服)　的时候来电话了。
2　我正在　(听音乐)　的时候来电话了。
3　我正在　(开　车)　的时候来电话了。
4　我正在　(看电话)　的时候来电话了。

二　次の電話に関する表現が日本語のどれに当たるか番号を（　　）に書きなさい。

| | | |
|---|---|---|
| 1　来电话 | 電話がかかってくる | (1) |
| 2　打电话 | 電話に出る | (3) |
| 3　接电话 | 折り返し電話をする | (4) |
| 4　回电话 | 電話をかける | (2) |

三　次の言葉を並べ替えて文を完成させなさい。
1　朋友　的　我　给　来电话　昨天　了　→　昨天我的朋友给我来电话了。
2　没　很久　联系　我们　了　→　我们很久没联系了。
3　昨天　我　他　给　了　短信　发　→　昨天他给我发短信了。
4　开会　没　接电话　我　的　时候　→　开会的时候我没接电话。
5　不用　回电话　我　再　了　给　→　不用再给我回电话了。

四　補充単語を用いて文を次の文を中国語に訳しなさい。
1　ショートメールのやり取りは便利で安い。
→发短信又方便，又便宜。
2　運転中に電話をしないでください。
→开车时不要打电话。
3　昨日彼から電話が掛かってきた時に私はシャワーをしていた。
→昨天他来电话时我洗澡来着。
4　友達に折り返しの電話をします。
→给朋友回电话。
5　運転しながら電話をしないでください。
→不要一边开车，一边打电话。
6　彼に用事がある時ショートメールを送るように言いました。
→我对他说有事的时候发短信。

**第六課　練習問題　练习题　解答**

一　次の言葉を並べ替えて文を完成させなさい。
1　大夫　喝　我　多多　让　水　→　大夫让我多多喝水。
2　大夫　护士　打针　给　让　我　→　大夫让护士给我打针。
3　开　大夫　三天　药　的　我　给　了　→　大夫给我开了三天的药。
4　感冒　好　完全　了　→　感冒完全好了。

二 次の例に倣って与えた言葉を用いて文を完成しなさい。
例　多多喝水　→　大夫 让 / 嘱咐 / 告诉 我多多喝水。

1 睡觉 → 大夫让我好好睡觉。
2 休息 → 大夫嘱咐我好好休息。
3 吃药 → 大夫告诉我按时吃药。

三 補充語句を用いて次の文を中国語に訳しなさい。

1 昨日あなたは会議を欠席しました。どうしたのですか。
→昨天的会议你没参加。你怎么了？
2 病院の先生はどうでしたか。親切でしたか。
→医院的大夫怎么样？ 热情吗？
3 風邪はどうですか。完全に治りましたか。
→你的感冒怎么样了？ 完全好了吗？

四 次の漢字に拼音を付けなさい。

| | | | | | | |
|---|---|---|---|---|---|---|
| 1 大夫 (dàifu) | 2 护士 (hùshi) | 3 告诉 (gàosu) | 4 咳嗽 (késou) | 5 要是 (yàoshi) | 6 休息 (xiūxi) | 7 过了 (guòle) |
| 8 怎么 (zěnme) | 9 吃过 (chīguo) | 10 名字 (míngzi) | 11 朋友 (péngyou) | 12 对了 (duìle) | 13 你呢 (nǐne) | 14 什么 (shénme) |
| 15 来着 (láizhe) | 16 我的 (wǒde) | 17 是不是 (shìbushì) | 18 是吗 (shìma) | 19 妈妈 (māma) | 20 你们 (nǐmen) | 21 早点儿 (zǎodiǎn r) |

**第七課 練習問題 练习题 解答**

一 次の言葉の拼音（音声記号）を（ ）に書きなさい。

1 事情 （shìqing） 2 计划 （jìhuà） 3 准备 （zhǔnbèi） 4 出门儿 （chūménr）
5 东西 （mǎidōngxi） 6 提前 （tíqián） 7 见面 （jiànmiàn） 8 记下来 （jìxialai）
9 尽量 （jìnliàng） 10 约定 （yuēdìng）

二 次の言葉を並べ替えて文を完成させなさい。

1 事情 记下来 做 的 把 要 → 把要做的事情记下来。
2 见面 时间 的 确认 好 把 → 把见面的时间确认好。
3 好 约定 地点 的 见面 把 → 把见面的地点约定好。
4 地点 提前 尽量 到达 见面 的 → 提前到达见面的地点。

三 次の漢字に相当する日本語の漢字を（ ）に書きなさい。

1 见（見） 2 约（約） 3 准（準） 4 备（備） 5 时间（時間） 6 达（達）
7 门（門） 8 电（電） 9 车（車） 10 带（帯） 11 记（記） 12 东（東）

四 次の文を日本語に訳しなさい。

1 把要做的事情记下来。 しようとすることをメモしておく。
2 把水、电、煤气都关好。 水道、電気、ガスをちゃんと消しておく。
3 把电话带上。 携帯電話を持っておく。
4 把要带的东西准备好。 携帯すべきものをちゃんと準備しておく。
5 把时间和地点约定好。 待ち合わせの時間と場所をちゃんと決めておく。
6 把坐车的路线计划好。 交通機関のルートをちゃんと計画しておく。

**第八課　練習問題　练习题　解答**

一　次の言葉の拼音を（　　　　）に書きなさい。

1　唱歌儿（chànggēr）2　做菜（zuòcài　）3　听说（tīngshuō）4　学会（xuéhuì）

5　好吃　（hǎochī　）6　机会（jīhuì　）7　打算（dǎsuàn　）8　羡慕（xiànmù）

二　次の言葉を並べ替えて文を完成させなさい。

1　要　学习　听说　做　他　日本料理　又

　→听说他又要学习做日本料理。

2　伴奏　唱　没有　得　也　好听　他

　→没有伴奏他唱得也好听。

3　我　室友　做　的　好　做菜　得　的

　→我的室友做菜做得好。

4　我　像　那样　真　室友　想　的　我

　→我真想像我的室友那样。

三　次の文を中国語に訳しなさい。

1　どんな食材でも彼が作れば、美味しい料理になります。

　→不管什么食材，只要他做，就能做出好吃的菜。

2　私もルームメイトのように料理が上手で、歌も上手になりたい。

　→真想像我的室友那样，做菜做得好，唱歌儿唱得好。

3　どんな料理でも美味しく作れます。

　→什么菜都做得好吃。

4　もしチャンスがあったら、彼に料理を習うつもりです。

　→如果有机会，我打算跟他学习做菜。

四　次の文にある誤りを直しなさい。

1　我能中文，也能英语。

　→我会中文，也会英语。

2　我做菜做的好。

　→我做菜做得好吃。

3　我室友跟学做菜。

　→我跟室友学做菜。

4　他做什么好吃。

　→他做什么都好吃。

五　自分のできることを「会」「能」を用いて作文してみなさい。

1　我会中文。

2　我的室友会做菜。

3　我能用中文打电话。

4　明天我能来。

六 次の言葉の意味を書きなさい。

1 好吃 美味しい　　2 好喝 美味しい

3 好看 素敵だ　　4 好听 いい音楽、いい声

**第九課　練習問題　练习题　解答**

一　次の言葉の意味を（　　　）に書きなさい。

1 热情（親切だ）　2 帮助（助ける）　3 营销（営業）

4 毕业（卒業する）　5 打算（……つもり）　6 积攒（ためる）

7 发挥（発揮する）　8 担任（担当する）　9 向往（憧れる）

10 反对（反対する）　11 珍惜（大切にする）　12 然后（それから）

二　次の言葉を並べ替えて文を完成させなさい。

1 去　想　工作　东京　我　以后　毕业

→ 毕业以后我想去东京工作。

2 朋友　介绍　给　工作　是　的　我　的

→ 我的工作是朋友介绍的。

3 我　鼓励　父母　东京　去　工作

→ 父母鼓励我去东京工作。

4 我　的　计划　父母　把　告诉　我　了

→ 我把我的计划告诉了父母。

5 东京　去　日子　期待　我　的　着

→ 我期待着去东京的日子。

三　次の文を中国語に訳しなさい。

1 両親は私が東京へ行くことを反対どころか、かえって頑張るように励ましてくれました。

→ 父母不但不反对我去东京，反而鼓励我努力（地）工作。

2 私は通訳と営業を担当するつもりです。

→ 我打算担任翻译和营销。

4 私の仕事は友達が紹介してくれました。

→ 我的工作是朋友（给我）介绍的。

5 私は必ずこのチャンスを大切にします。

→ 我一定珍惜这个机会。

6 私はよい社員を目指して頑張りたいです。

→ 我争取当一名好员工。

四 「被」を用いて次の文を受け身文に直しなさい。

1 公司录用我了。　我被公司录用了。

3 公司派我到国外工作。　我被公司派到国外工作。

4 老师表扬我了。　我被老师表扬了。

5 朋友夸赞我的室友了。　我的室友被朋友夸赞了。

五　次の言葉を用いて作文しなさい。

1　不仅……　而且……

→ 他不仅做菜做得好，而且唱歌儿也唱得好。

2　不但不……　反而……

→ 父母不但不反对去东京，反而鼓励我努力（地）工作。

3　……以后再……

→ 积累工作经验以后再回国。

**第十課　練習問題　练习题　解答**

一　次の言葉の意味を（　　　）に書きなさい。

| | | |
|---|---|---|
| 1　事先（　事前　） | 2　有关（　関する　） | 3　注意（　気をつける　） |
| 4　收拾（　片付ける　） | 5　搬家（　引越す　） | 6　营销（　営業る　） |
| 7　工作（　仕事　） | 8　整理（　整理する　） | 9　住址（　住所　） |
| 10　情况（　状況　） | 11　事情（　こと　） | 12　了解（　理解する　） |

二　次の言葉を並べ替えて文を完成させなさい。

1　毕业　论文　的　要　商量　我　事情　老师　和　→　我要和老师商量论文的事情。

2　的　事情　准备　得　我　就职　东京　去　→　我得准备去东京就职的事情。

3　日期　错过　面试　注意　要　别　的　→　要注意别错过面试的日期。

4　了解　事先　公司　情况　的　要　→　要事先了解公司的情况。

5　最近　越来越　我　做　要　的　事情　多　→　最近我要做的事情越来越多。

6　要求　论文　按照　写　老师　要　的　→　要按照老师的要求写论文。

三　与えた言葉を用いて作文しなさい。

1　连……都……，何况……

→ 连吃饭的钱都没有，何况旅行。

2　……以外，还得……

→ 除了交房费以外，还得交电费，水费。

3　想……，　就……

→ 暑假想做什么，就做什么。

四　次の文を日本語に訳しなさい。

1　我要认真地工作，争取做一个好员工。

真面目に仕事をして、良い社員になるように頑張る。

2　虽然找工作很麻烦，但是也要认真地去找。

就職のことが面倒くさいが、真面目に探さないといけない。

3　我盼望暑假快一点儿到来。

早く夏休みになることを待ち望んでいる。

4　又是打工，又是学习，真是太忙了。

アルバイトをしたり、勉強をしたり、本当に忙しい。

# 音声ダウンロードについて

本書の第一課〜第十課には、音声がございます。

以下の URL：https://www.kyoiku.co.jp/06support/support.html へアクセスしてください。

■著者紹介

趙　慧欣（ちょう　けいきん）

中国南開大学中国語博士課程修了

倉敷芸術科学大学教授

李　夢迪（り　もんでぃ）

神戸外国語大学大学院　外国語学研究科　博士課程修了

名桜大学准教授

## 独学もできるクイックマスター中国語

2022 年 4 月 15 日　初版第 1 刷発行

■著　　者――趙　慧欣・李　夢迪
■発 行 者――佐藤　守
■発 行 所――株式会社 **大学教育出版**
〒 700-0953　岡山市南区西市 855-4
電話（086）244-1268　FAX（086）246-0294
■印刷製本―― PP 印刷

ISBN978 - 4 - 86692 - 187 - 7